周代铜器
铭文的文学研究

陈彦辉　著

中国历史上的青铜时代是先秦铜器铭文发生的文化背景，独具个性的祭祀文化、巫觋文化和礼乐文化对铭文的产生和发展起到直接的促进作用。铭文在发展和长期运用过程中形成鲜明的文体特征，并对后世铭文文体及其他多种文体产生深远的影响。

本书以周代铜器铭文为研究对象，结合相关传世文献，借鉴考古学、文字学、历史学、文学的研究方法和成果，从文体学的视角对周代铜器铭文进行分类研究，考察各类铭文的内容、体制、成因及文体流变。

上海古籍出版社

图书在版编目(CIP)数据

周代铜器铭文的文学研究 / 陈彦辉著. —上海：
上海古籍出版社，2020.1(2023.4 重印)
ISBN 978-7-5325-9440-5

Ⅰ.①周… Ⅱ.①陈… Ⅲ.①周代铜器－金文－研究
－中国 Ⅳ.①K877.34

中国版本图书馆 CIP 数据核字(2019)第 269089 号

周代铜器铭文的文学研究

陈彦辉 著

上海古籍出版社出版发行

(上海市闵行区号景路 159 弄 1-5 号 A 座 5F 邮政编码 201101)

(1) 网址：www.guji.com.cn

(2) E-mail：guji1@guji.com.cn

(3) 易文网网址：www.ewen.co

上海新艺印刷有限公司印刷

开本 890×1240 1/32 印张 7 插页 3 字数 175,000

2020 年 1 月第 1 版 2023 年 4 月第 2 次印刷

ISBN 978-7-5325-9440-5

Ⅰ·3449 定价：59.00 元

如有质量问题，请与承印公司联系

序

党圣元

　　陈彦辉教授的新著《周代铜器铭文的文学研究》即将由上海古籍出版社刊行，前不久彦辉传来书稿，让我写个序。如果是出于专业方面的考虑，我是无论如何也不会答应写这个序的。本来，顾炎武就有"人之患在好为人序"之说，故作序之事，最好是能避则尽量避之。而更为严重的是在铭文研究方面，我连最起码的知识也没有，是一个完全的行外之人，就专业而言根本没有为本著写序和评说的资格。然而，我又答应了。这是因为2006年彦辉进中国社会科学院文学所博士后流动站做博士后研究，我是他的合作导师，本著就是他在博士后出站科研报告基础上经多年的继续研究和反复打磨而来的；如果再往前追溯，2005年他博士学位论文答辩时，我忝列答辩委员会主席。因此，从这两方面讲，我都无法回拒彦辉的要求，于是便只能"好为人序"一回，硬着头皮来写这个序。

　　陈彦辉多年来一直在广东外语外贸大学执教，他的研究主要集中在先秦两汉文学领域，有《春秋辞令研究》（中华书局2006年）等著作出版，并且发表有《商周青铜铭文文体论》《春秋辞令历史意识论析》《〈左传〉"其失也巫"辨析》等数十篇学术论文，在学术研究和教学两个方面都成就斐然，是一位相当有潜力的学者。从事先秦文学研究，需要有过硬的学术功夫，需要有文学、古史、文字学、文献学、经学等方面的综合学养，彦辉在这些方面都接受过严格的学术训练，他在先秦两汉文学领域耕耘多年并且取得较好的成绩，正与此密切相关。

彦辉的这本新著，系从文学的层面专门研究周代铜器铭文，书的前两章分别对周代铜器铭文发生的社会文化背景和文体流别进行了全面的考察和深入的阐发，其后的四章分别对周代铜器铭文中所见当时的册命、祝嘏、训诰、记事等铭文文体的体制、特征、类别、叙事及其演变进行梳理和分析，结语部分则对先秦铜器铭文之文体要素和文化属性作了总结和归纳。由此可见，陈彦辉的这部著作是对铜器铭文的文学研究，而重点又放在铜器铭文的文体形态之考释方面。我认为，这对于中国古代文学史尤其是先秦两汉文学史研究，以及对于中国古代文体形态和生成演变研究，均属于探溯源头性质的工作，可以开辟拓展周代文学研究的范围，并且为先秦文学史的研究和书写提供新的文本对象。同时，以铜器铭文为文本对象而对其文体式样和体制特点进行分析阐发，对于中国早期的文体形态及文章体用关系之探究和考释，对于我们认识《五经》之外的"文章渊薮"，还原性研究中国早期文体形态和文章体用关系，更是大有裨益。因此，我又认为，陈彦辉在该书中所为，实际上是在做中华文章、中华文脉探源性质的工作。

甲骨文、金文、简帛文献研究都是非常艰深的学问，而对于铜器铭文的文学、文体研究，除了艰深而外，更存在着既有的文学、文学史、文体研究之知识工具与研究对象之间如何对接与适应的问题。对于铭文文本的文学研究而言，当然说"文"首先需解字，但是仅仅解字是代替不了说"文"的，而说"文"太过则又不及。所以，这种由研究对象之特殊性所决定了的艰深的研究，弄得不好很可能陷于犹如《周易·大壮》"羝羊触藩，羸其角"那样进退两难的尴尬境地。这恐怕也是学界较为少见地对甲骨文、金文进行文学和文体层面的系统性研究之缘由所在吧。但是，由于陈彦辉在这方面有长期的学术准备与积累，他才有勇气做这个非常具有开拓性和挑战性的研究，并且在分析阐发时对言语分寸的掌握也是比较合度的。对此，我是非常钦佩的。

当然，该著中一定还存在着一些不足之处，只是因为我自己没有这方面研究的学识，暂时不能有所发现并展开商讨，这个工作需要懂行的专家们来做。这本书对于陈彦辉而言，应该还只是他研究周代铜器铭文之文学、文体问题的一个开端，我相信，更加全面、系统、深入和更加谨严、整饬、精细的研究成果还有待于他在今后的研究中努力实现之。

学术研究本为孤寂之事，从事上古文史方面的研究，更是需要素心孤寂、孤寂素心，只有在长期的、连续而不中断的并且是苦心孤诣般的研究修炼中，才能有所发见、有所新创，而那些工作中的庶务、杂务，往往使人受困其间而"触藩羸角"。对此，我是深有一番感触的。彦辉正值青壮之年，多年的学术历练使他知道什么样的学问才是好的学问，知道如何下苦功才能做出好的学问。所以，我相信他今后关于周代铭文文学和文体研究的成果，将更具学术深度和广度，更显学术气象，更具学术"工匠精神"，对此我充满着期待。

2019 年 11 月 26 日于京西北寓所

目　录

第一章
青铜时代：先秦铜器
铭文发生的文化背景

　　中国历史上的青铜时代是中华文明的形成阶段，在这个极具思想史意义的时代，文学、艺术、哲学等中国传统文化要素初步形成，奠定了中华文化的基础。青铜铭文，作为青铜时代文化的重要组成元素和标志，在此背景下发生、发展，并逐步走向成熟，形成独具个性的铭文文体。本章通过对中国青铜时代巫觋、祭祀、礼乐文化的梳理，研究中国青铜时代思想文化背景对铭文发生的影响。

一　中国青铜时代的个性

　　"青铜时代"是从西方引入的一个历史概念，十九世纪丹麦国家博物馆保管员克里斯蒂·汤姆森在《北欧古物指南》一书中最先使用，"在石器时代，武器和工具以石、木、骨或类似材料制造，人们对金属了解很少，或一无所知……；在青铜时代，武器或切割类工具以红铜或青铜制造，人们对于铁或银一无所知，或知之甚少……；铁器时代是野蛮时代的第三个也是最后一个阶段。在这个时期，人们以铁来制造最为适合的器具，铁器的使用取代了青铜。"① 汤姆森定义的"青铜时代"是"以红铜或青铜制成武器和切割器具"为特征的时代②。最初用来分类藏品的时代，他把代表该博物馆的收藏品分为石器时代、青铜时代、铁器时代三个部分，这种新的分类方法为历史学家提供了一个较好的视角来概括人类社会以技术工具为标准的发展阶段。很明显，"青铜时代"的判断标准是从西方社会的历史现状出发，可以用来指代西方社会使用青铜兵器和工具的发展阶段，因此汤姆森的观点被英国、德国、瑞典等欧洲国家的考古学者采用，并在以后的考古工作中不断得到证实，也符合西方社会历史发展的事实，但中国的情况有所不同。

青铜在中国与西方的青铜时代所起的作用有较大区别。在西方，青铜是以实用性的生产生活工具和兵器为主，而中国却是以用于制作宗教祭祀的礼器为主，因此，引入中国的"青铜时代"一词，与西方历史观念中的"青铜时代"在内涵上存在差异。西方所强调的青铜时代，主要考虑的是青铜工具与兵器的使用范围与普及率，而中国历史上青铜器的鼎盛时期却是以礼器的身份出现。从这个意义上说，"中国青铜时代"独具个性，风格迥异。在时间上，中国青铜时代一般是指从公元前 2000 年至公元前 500 年，即夏、商、西周、春秋共 1500 年左右的时间③。考古学的成果表明，我国的夏代已经出现较为发达的青铜器冶铸业，在以河南偃师二里头遗址为代表的二里头文化遗址中，已发现了种类较丰富的青铜武器、工具、装饰品，以及少量的酒器，甚至还有了少量可作为礼器使用

---

① 巫鸿《对"中国青铜时代"的再思考》，《文艺研究》2006 年第 10 期。
② 张光直《中国青铜时代》，生活·读书·新知三联书店 1999 年版，第 2 页。
③ 同上，第 12 页。

的青铜器①。夏代青铜器的制作技术和工艺水平，说明青铜器的制作已经有很长的历史。先秦社会是青铜器的鼎盛阶段，大量的造型各异、美轮美奂的青铜器，在极富表现力的纹饰和铭文的映衬下，彰显出独特的魅力，体现出当时青铜工艺水平已达到相当的高度。但这些形态各异、造型独特的青铜器的功用却是值得认真思考的，先秦青铜制作的鼎、觯、爵、盘、卣等都属于生活器具类别，但是这些青铜器又独具特点，巫鸿认为："作为礼器，青铜器必须使自身与日常器具区别开来。一件青铜觚具有细长的身体和外侈的口部，将'饮器'做成这种极不方便的形状，到底是为了什么？一件作为饮器的盉变得如此华丽而沉重，如何能够举起它并从其细小的流口向外倒酒？一件盘的内底覆盖着一通长篇大论的纪念性铭文，它究竟是一个用来盛饭的盘子，还是一种文案的媒介？很显然，这些青铜器的材料、形状、装饰以及铭文，有意地体现出某种完全超乎通常经验的意义，证明这些器具作为礼器所具有神圣的、非尘世的性格。"② 先秦青铜器的神圣和超凡的特征源自先秦社会青铜器承载的宗教祭祀功能，该功能促使人们投入更多的精力研究如何更新青铜制作技术以及装饰纹饰、撰写铭文，以期最有效地表达对神灵、祖先的敬畏。

先秦时期可以作为中国青铜时代的代表阶段，在先秦社会，青铜一直是礼器和兵器的原料，在整个中国青铜时代，金属始终不是制造生产工具的主要原料，这个时代的生产工具仍旧是由石、木、角、骨等原料制造，珍贵的青铜无法进入到日常生产中，它在宗教祭祀礼仪制度等层面发挥作用，中国青铜器已经成为政治权力的一部分③。

---

① 朱凤瀚《古代中国青铜器》，南开大学出版社 1994 年版，第 6 页。
② 巫鸿《对"中国青铜时代"的再思考》，《文艺研究》2006 年第 10 期。
③ 朱凤瀚《古代中国青铜器》，南开大学出版社 1994 年版，第 12 页。

二 青铜时代影响铭文发生的三种文化

中国青铜时代的思想文化以巫觋文化、祭祀文化和礼乐文化的连续发展为背景。巫觋文化作为祭祀文化和礼乐文化的重要构成元素，是青铜铭文发生的思想文化背景，相比之下，殷商的祭祀文化和西周的礼乐文化与铭文的发生与成熟关系更为密切。

"夏以前是巫觋时代，商殷已是典型的祭祀时代，周代是礼乐时代。"① 这种观点比较准确地概括出夏商周三个时期主流文化的状态，实际上在主流文化之外，还有非主流的文化存在，比如以祭祀文化为代表的殷商时代，远古的巫觋文化在当时的社会生活中，仍然发挥着重要的作用；同样，周代社会的礼乐文化，也与巫觋文化和祭祀文化共同存在。

中国古代巫觋的职能是通过献媚取悦神灵、祈求神灵的降临，取悦神灵的方法是凭借人类的想象进行，"人嗜饮食，故巫以牺牲奉神；人乐男女，故巫以容色媚神，人好声色，故巫以歌舞娱神；人富言语，故巫以词令歆神。"② 这些繁杂活动最终是要达到救灾治病的目的。巫觋文化的具体情况，只能根据现有的文献进行推测，《国语·楚语下》记载了有关巫觋之事：

> 昭王问于观射父，曰："《周书》所谓重、黎实使天地不通者，何也？若无然，民将能登天乎？"对曰："非此之谓也。古者民神不杂。民之精爽不携贰者，而又能齐肃衷正，其智能上下比义，其圣能光远宣朗，其明能光照之，其聪能听彻之，如是则明神降之，在男曰觋，在女曰巫。是使制神之处位次主，

---

① 陈来《古代宗教与伦理》，生活·读书·新知三联书店1996年版，第11页。
② 瞿兑之《释巫》，《燕京学报》第七期，北京大学出版社2001年版。

而为之牲器时服，……于是乎有天地神民类物之官，是谓五官，各司其序，不相乱也。民是以能有忠信，神是以能有明德，民神异业，敬而不渎，故神降之嘉生，民以物享，祸灾不至，求用不匮。

"及少皞之衰也，九黎乱德，民神杂糅，不可方物。夫人作享，家为巫史，无有要质。民匮于祀，而不知其福。烝享无度，民神同位。民渎齐盟，无有严威。神狎民则，不蠲其为。嘉生不降，无物以享。祸灾荐臻，莫尽其气。颛顼受之，乃命南正重司天以属神，命火正黎司地以属民，使复旧常，无相侵渎，是谓绝地天通。"①

观射父回答楚昭王的这段话为我们梳理出巫觋发展的早期历史，即"民神异业"、"民神杂糅"、"绝地天通"三个阶段。"民神不杂"时民有忠信、神有明德，故"祸灾不至，求用不匮"，百姓可以富足安逸地生活，是民神关系最理想时期；民神相杂的现象是"家为巫史"、"民神同位"，神失去了往日的威严，结果是"嘉生不降，无物以享"，是民神关系的低潮期；"绝地天通"属于民神关系的恢复时期，民神之间的沟通由专门的巫觋负责。

巫觋文化依然在先秦社会生活中发挥着影响。随着人们思想信仰的改变，巫觋的身份和地位也发生了变化，从前掌握垄断话语的令人敬畏的地位已经不复存在，但他们承担着的通神祛灾的职能依然在发挥重要作用。商代有著名的"巫咸"，如《尚书·君奭》记载：

公曰："君奭！我闻在昔成汤既受命，时则有若伊尹，格

---

① （清）徐元诰撰，王树民、沈长云点校《国语集解》，中华书局 2002 年版，第 512—515 页。

于皇天。在太甲时，则有若保衡。在太戊时，则有若伊陟、臣
扈，格于上帝；巫咸乂王家。在祖乙时，则有若巫贤。在武丁
时，则有若甘盘。……"①

太戊时的巫咸和祖乙时的巫贤都有重要的地位，如巫咸，据说其擅
长祝祷，《韩非子·说林下》："巫咸虽善祝，不能自祓也。"巫咸所
做的事诸如"昔殷帝大戊使巫咸祷于山河"等②，他们凭借自己的
知识和技能协助商王治理国家。

　　周代巫师承担着很多祝祷之事，并且其职责更为明确，据《周
礼·春官》，记载：

> 　　司巫，掌群巫之政令。若国大旱，则帅巫而舞雩。国有大
> 灾，则帅巫而造巫恒。祭祀，则共匦主，及道布，及蒩馆。凡
> 祭事，守瘗；凡丧事，掌巫降之礼。男巫，掌望祀、望衍，授
> 号，旁招以茅。冬堂赠，无方无算。春招弭，以除疾病。王
> 吊，则与祝前。女巫，掌岁时祓除、衅浴。旱暵则舞雩。若王
> 后吊，则与祝前。凡邦之大灾，歌哭而请。

司巫专门负责管理巫师，本身就是巫师，可以称为巫师的首领，因
此在面临灾祸之时，要率领群巫进行工作。周代，巫师的分工已经
细化，男巫和女巫职责也有不同。巫师承担的工作是在大旱、灾
祸、祭祀、丧事中利用自己熟悉的技能发挥作用。从《周礼》对司
巫的描述可以看出，周代巫师的职责已经基本固定，工作内容已经
程序化，面对不同的灾祸，采取相应的避灾方法，如大旱时要群巫

---

① （清）孙星衍撰，陈抗、盛冬铃点校《尚书今古文注疏》，中华书局 1986 年版，第
　　448—450 页。
② （宋）李昉《太平御览》卷七百九十，中华书局 2006 年版，第 3499 页。

舞雩，灾祸来临时群巫到巫恒之灵前拜祭求问等。

巫文化作为中国上古文化的代表，对祭祀文化和礼乐文化都有深刻的影响，在先秦祭祀和礼乐文化盛行的时代，巫文化仍然有着自己的地位并发挥着作用，并且其文化内涵已经为祭祀文化和礼乐文化所吸收。

"国之大事，在祀与戎"，祭祀是先秦社会举国关注的重大事项，因此形成独特的祭祀文化。先秦社会祭祀的目的是祈福、弥灾和报谢神灵，即《礼记·郊特牲》所云："祭有祈焉，有报焉，有由辟焉。"祭祀的对象无非是天神、地祇、人鬼，《周礼·春官·大宗伯》：

> 掌建邦之天神、人鬼、地示之礼，以佐王建保邦国。以吉礼事邦国之鬼神示：以禋祀祀昊天上帝，以实柴祀日月星辰，以槱燎祀司中、司命、风师、雨师。以血祭祭社稷、五祀、五岳，以狸沈祭山林川泽，以疈辜祭四方百物。以肆献祼享先王，以馈食享先王，以祠春享先王，以禴夏享先王，以尝秋享先王，以烝冬享先王。

《周礼》的记载基本可以反映先秦社会祭祀对象的大致范围，天神主要包括上帝、日月星辰、风雨之神；地祇包括社稷、五岳、山川百物之神；人鬼包括已故先王父祖。祭祀的规格根据神之大小，分为祭天地的大祭、祭日月星辰的中祭、祭五祀的小祭。由于祭祀于国于民都极其重要，因此从祭祀对象、规模、祭品到祭祀的规则、范围等各个方面都有详细规定，必须认真施行。

青铜器在祭祀中作为祭器出现。在祭祀仪式上盛放各种祭品时，庶人用陶器，贵族主要用青铜器。青铜器在先秦时代是非常稀少珍贵的，又具备坚硬便于永久珍藏等特性，因此成为天子、君王、诸侯敬神的重要工具。不同类别的青铜器功用各异，按照周代礼制，鼎俎以盛牺牲，簋簠以盛黍稷，壶卣以盛酒鬯，笾豆盛菜肴①。祭祀时，献祭者对神灵表达的意图通过青铜器与祭品共同完成，青铜器不仅仅是盛放祭品的工具，它同时具有和祭品相近的取悦神灵、祈求佑护的功用，只不过祭品提供的是神灵享用的食物，青铜器奉献的是精神上的祈福思想。

在先秦祭祀文化中，青铜器的造型、纹饰和铭文都具有特殊的意义。器物的造型是与其盛放祭品的功用结合在一起的，器物不同的造型本身就具有向神灵祖先表现敬意的含义，因此，在祭祀时，不同造型的青铜器的用途有着严格的规定。与器物造型相比，纹饰的象征意义更为明显，饕餮纹、蛇纹、鸟纹、龙纹等在青铜器上经常出现的纹饰代表着人们对神灵世界的认知。如饕餮纹，良渚文化时期就存在，但宋代以前一直被称为兽面纹，最初的纹饰由简洁的线条构成古朴肃穆的外形，发展到西周时期线条趋于细致、繁密，饕餮的形象也变得狰狞恐怖，象征着神界的威严神秘。

器物造型和纹饰在表现上过于委婉，当人们想更明确地表达对神灵的崇敬之情时，必须寻求一种更加直接的手段，文字则可以承担这个神圣的职责。因此铭文的出现与祭祀文化有十分密切的关系，祭祀文化的发展对铭文的产生起到明显的促进作用。

西周铭文的繁荣要归功于礼乐文化的兴起，作为西周文化代表的礼乐文化建立于祭祀文化基础之上并得以发展。礼的形成与事神相关，许慎《说文》："礼，履也，所以事神致福也，从示从豊。"王国维《释礼》一文认为"礼"字最初指用器皿盛两串玉祭献神灵，后来含有用酒献祭神灵，并用礼指代一切祭献神灵②。考察《周礼》、《仪礼》、《礼记》关于周礼的记载可知，周代礼乐制度中

---

① 詹鄞鑫《神灵与祭祀》，江苏古籍出版社1992年版，第245页。
② 王国维《观堂集林》第一册，中华书局1991年版，第291页。

祭祀礼仪占据了大量的内容，从中也可以看出周代礼乐文化与殷商祭祀文化之间的紧密联系。关于礼的形成与发展，孔子曾有过相关论述，《论语·为政》："殷因于夏礼，所损益可知也。周因于殷礼，所损益可知也。"又《论语·八佾》："夏礼吾能言之，杞不足征也；殷礼吾能言之，宋不足征也。文献不足故也。足，则吾能征之矣。"孔子概括了夏商周三代文化之间的承继关系，周代对礼乐文化的最大贡献是系统化、制度化。周代礼乐制度不仅促进青铜铭文的快速发展，同时也为铭文的繁盛奠定了文化基础和心理准备。

中国青铜时代的礼乐文化、祭祀文化与巫文化一脉相承，体现出文化发展的连续性，三者对铭文的发生与发展影响深远，先秦铭文中印刻着三种文化的烙印。

三　铜器铭文的文化遗存

先秦铜器铭文的发生是中国青铜时代多种文化共同作用的结果，其中祭祀文化与礼乐文化影响最为直接，这在现存的铜器铭文中可以得到最好的证明。

祭祀天地、祖先是先秦祭祀的主要内容。殷商铭文中有关祭祀的内容占有较大比重，如"母戊方鼎"铭文为"母司（祠）戊"[①]，意为"祭祠母戊"，是商王文武丁为祭祀其母而作，殷墟中期的"母辛方鼎"和"妇好方鼎"内容和含义与此相似，都是为祭祀祖先而作。商代许多青铜铭文内容也与祭祀相关，如"小子省壶"铭文为："甲寅，子商（赏）小子省贝异五朋，省号（扬）君商

---

① 马承源《商周青铜器铭文选》（三），文物出版社 1988 年版，第 1 页。本书铜器铭文的释文以马承源《商周青铜器铭文选》为主，并参考张亚初《殷周金文集成引得》和华东师范大学中国文字应用与研究中心主编《金文引得》（殷商西周卷），《金文今译类检》（殷商西周卷），引用时仅标注马承源《商周青铜器铭文选》页码，引用的部分金文直接按照隶定后的文字。

（赏），用乍父乙宝彝。"① 铭文记载小子省受到赏赐五朋贝的荣誉之事，因此作青铜祭器并铸刻铭文以纪事，亦有告知祖先之意。西周时期，有关祭祀的铭文数量急剧增多，原来偶尔出现的"用乍某某宝彝"一词作为固定用语，成为先秦祭祖类铭文的标志，如西周成王时"保尊"的"用乍文公癸宗宝尊彝"②、"伯矩鬲"的"乍父戊尊彝"③、"亚盉"的"乍父乙宝尊彝"④；西周恭王时"五祀卫鼎"的"卫用乍朕文考宝鼎"⑤、"卫簋"的"用乍文且考宝尊簋"等⑥，都是祭祀死去父祖的铭文。

西周时期开始，随着铭文数量的增多，铭文的内容愈加丰富，对西周礼乐文化的反映也更加明显。周代礼仪制度非常丰富，包括吉、凶、军、宾、嘉五类，细目更多，有"礼仪三百，威仪三千"之说，很多具体礼仪如册命、祭祀、朝觐、盟誓、赏赐、宴飨、婚姻等都在铭文中得到体现。铭德纪功是西周大多数铭文都涉及的内容，如，西周成王时期"禽簋"，"王伐楚（奄）侯，周公谋禽祝，禽有脤祝，王易金百孚。禽用作宝彝。"⑦ 铭文记载成王征讨奄侯之前，周公旦训导其子大祝伯禽，伯禽以脤器致祭，成王赏赐大祝伯禽金百孚，禽用作宝彝以资纪念，亦有告慰祖先之意。周懿王时期的"师虎簋"：

> 佳元年六月既望甲戌，王才杜立（居），各（格）于大室。
> 井白（伯）内（入）右师虎，即立中廷，北卿（向）。王乎

---

① 马承源《商周青铜器铭文选》（三），文物出版社 1988 年版，第 11 页。
② 同上，第 23 页。
③ 同上，第 30 页。
④ 同上，第 31 页。
⑤ 同上，第 131 页。
⑥ 同上，第 139 页。
⑦ 同上，第 18 页。

（呼）内史吴曰：“册令虎。”王若曰：“虎，截（载）先王既令乃取（祖）考事，啻（适）官嗣左右戏繇（繁）荆。今余佳帅井（型）先王令，令女（汝）更（赓）乃取（祖）考，啻（适）官嗣左右戏繇（繁）荆，苟（敬）夙夜勿灋（废）朕令。易女（汝）赤舄，用事。”虎敢拜頴首，对扬天子不杯鲁休，用乍朕剌（烈）考日庚尊簋。子子孙孙其永宝用。①

师虎簋铭文是形式上比较完整的关于册命礼仪铭文，记录了师虎受册命的仪式，其中涉及周代礼仪制度中的赏赐、纪功等内容。师虎制作此铭，已经不仅仅出于告慰祖先神灵的目的，答谢周王的赏赐、纪功颂德、传之后世子孙成为更加重要的意图。

周代铭文出现礼乐文化的转向可以在《礼记》中找到答案，《礼记·祭统》：“夫鼎有铭，铭者，自名也，自名以称扬其先祖之美，而明著之后世者也。为先祖者，莫不有美焉，莫不有恶焉，铭之义，称美而不称恶。此孝子孝孙之心也。唯贤者能之。铭者，论撰其先祖之有德善、功烈、勋劳、庆赏、声名，列于天下，而酌之祭器，自成其名焉，以祀其先祖者也。显扬先祖，所以崇孝也。身比焉，顺也，明示后世，教也。夫铭者，壹称而上下皆得焉耳矣。是故君子之观于铭也，既美其所称，又美其所为。为之者，明足以见之，仁足以与之，知足以利之，可谓贤矣。贤而勿伐，可谓恭矣。”② 这段话是对周代上层社会重视铸铭并形成铸刻铭文的风气的最好说明。称扬先祖之美，很明显可以看出祭祀文化的痕迹，文中对“德”、“善”、“名”、“孝”等观念的重视，也是周代礼乐文化的显著特征。

---

① 马承源《商周青铜器铭文选》（三），文物出版社 1988 年版，第 168 页。
② （清）孙希旦撰，沈啸寰、王星贤点校《礼记集解》，中华书局 1989 年版，第 1250 页。

中国历史上的青铜时代，既有世界青铜时代的共性，又具有中国文化的独特之处，其对铭文内容的影响是直接而深远的，对铭文文体的形成起到了促进作用，成为先秦铭文发生发展的思想文化背景，铭文正是在巫觋文化、祭祀文化和礼乐文化的作用下发展成为内容丰富独具个性的文体。

第二章
先秦铜器铭文文体流别论

　　先秦铜器铭文的发生以青铜器制作技术的成熟为前提，铭文的大量出现与广泛运用促使铸铭风气在先秦社会逐渐形成，"铭者自名"的思想观念是先秦社会人们更加重视铭文价值的重要原因，也使得先秦时人把当时重要的册命、祭祀、征伐、赏赐、功德以及时人认为十分重要的事件都记载下来，传之后世子孙，希望永世流传以至不朽。铜器铭文的体制因铭文记载社会生活内容的不同而体现出不同的文体特征，这些不同类型的铭文文体，其歌功颂德的价值取向与文化内涵直接为秦以后铭文所继承，对后世铭文文体发展与流变产生重要影响。

一　"铭者自名"与先秦社会的铸铭风气

　　铭文以铜器作为载体，主要目的是昭德纪功以示子孙，即《礼记·祭统》所言"夫鼎有铭，铭者，自名也，自名以称扬其先祖之美，而明著之后世者也"。先秦社会铭文的产生与铭文文体的形成与当时青铜器制作和铸铭的风气密切相关。

　　铭文的产生以铜器制作技术的成熟为前提。世界各国青铜器制作技术的发明与成熟都经历了一个长期的过程，中国古代青铜器制作技术的发展历程与此相似。铜的冶炼技术发明前，世界各地较早的铜器多为自然铜制作，如年代在公元前 7500 年左右的土耳其前陶新石器时代发现的铜锥、铜别针，伊朗发现的年代在公元前第七千纪的铜珠、公元前第五千纪中期的铜针等。我国齐家文化遗址中出土的红铜器中也有直接打制而成的①，但这些早期铜器都是由自然红铜制成，红铜由于其质地柔软等特点，现实应用中局限性很大，因此红铜大多与石器并用。经过铜石并用的时代，随着青铜冶炼技术的出现，约从公元前 2000 年开始，中国古代文化进入了"青铜时代"②。这个处于中国文明形成期的时代，延续了 1500 多年直到公元前 500 年左右才结束③，即从夏王朝到战国时代。偃师二里头遗址中发现的小型的青铜工具、装饰品、青铜武器和青铜容器，从形制与制法上看，工具仍具有某些原始特点，但武器、容器与装饰品形制比较进步④，"这些都证明当时青铜冶铸技术与规模均已发展到一定程度"⑤。先秦时代，青铜器制作技术更加成熟，特别是在当时青铜已不是简单的工具，而是"政治权力"的体现⑥，是国之重器。"国之大事，在祀与戎"⑦，在庄严的祭祀场合使用的礼器与在关系国家安危的战争中使用的兵器都需要高超的制作技术，因此，在先秦时代强有力的政治威权下，伴随着大量精美青铜

---

① 朱凤瀚《古代中国青铜器》，南开大学出版社 1995 年版，第 3 页。
② 参见张光直《中国青铜时代》，生活·读书·新知三联书店 1999 年版，第 2 页。
③ 张光直《中国青铜时代》，生活·读书·新知三联书店 1999 年版，第 2 页。关于中国社会"青铜时代"起始时间，学者们意见不一致。
④ 安志敏《中国早期铜器的几个问题》，《考古学报》1981 年第 3 期。
⑤ 朱凤瀚《古代中国青铜器》，南开大学出版社 1995 年版，第 16 页。
⑥ 张光直《中国青铜时代》，生活·读书·新知三联书店 1999 年版，第 22 页。
⑦ 杨伯峻《春秋左传注》，中华书局 1990 年版，第 861 页。

器的制作，青铜器制作技术日趋精湛。

铭文的产生必须以青铜器制作者的主观需要为动因。青铜器制作技术的成熟，为铭文的出现提供了可能。青铜器的制作并非以生活工具为目的，其承载着非常重要的祭祀功能，因此其作为祭器的象征意义远远超过其作为生活器具的实用性。青铜器的象征意义主要是通过器物上的纹饰和铭文来体现，这也是中国古代青铜文化的重要特征。

纹饰在表现先秦共同信仰的神灵世界方面发挥了重要作用，青铜器在当时主要用于祭祀神灵和祖先的仪式中。这些铜器上"铸刻着作为人的世界与祖先及神的世界之沟通的媒介的神话性的动物花纹"①，它们或抽象或写实，是对现实的描绘和对神界的想象，这些纹饰是"远方图物"、"铸鼎象物"的"物"，是用来"协于上下以承天休"②，是沟通人神世界的桥梁。巫觋正是在它们的协助下，才能够沟通天人。因此，纹饰是为"表现某种意义的目的"而制作，要"表现制作者的宗旨"③，青铜器制作者的意义和宗旨就是表达对祖先神灵的崇拜，纹饰是表现他们共同信仰世界的媒介。

与纹饰相比，铭文在青铜器上出现得较晚。现存的殷商早期和中期青铜器上，几乎没有铭文，即使现在考古发现的几件有铭铜器，也只有族徽或父祖名号。铭文在青铜器上大量出现是在商代晚期，此时字数较少，一般为三五字，仅有少数铜器有几十字。从现存甲骨刻辞看，殷商末期以前已经有字数较多的甲骨文出现，在青铜器上铸刻铭文的条件已经具备，为什么直到殷末才出现铭文？白川静认为较长铭文的出现，意味着"在祖灵与祭祀其祖灵的氏族之间，开始加强媒介的作用来促进王室与氏族间的政治关系。祭祖，

---

① 张光直《中国青铜时代》，生活·读书·新知三联书店1999年版，第421页。
② 杨伯峻《春秋左传注》，中华书局1990年版，第671页。
③ ［日］白川静《金文的世界》，联经出版事业公司1980年版，第3页。

变成是依王室与氏族之关系而在其政治秩序之下进行。彝器铭文所以记录这种事情，乃直接显示政治的关系已强力地支配了氏族生活"①。政治对氏族与王室关系的影响，周代殷之后体现得更为明显，殷商时期基本是政教合一，而周则以征服者的身份强化了王权政治，"统治的原则，是根据政治性的服属关系，君臣关系。在祖祭之性格上，也就无非在强化这种政治性的要素。这些氏族既须靠他们与王室的关系始能维持其生活，所以也就把与王室之关系施铭于彝器而享祀其祖灵"②。随着铭文的出现，殷周人祈求神灵、拜祭祖先又增加了一个重要的媒介，青铜器的象征意义中也融进了政治秩序的内涵。

最初作为祭器出现的青铜器，所要表现的任何意义都可以通过器物纹饰和铭文来完成。纹饰在铭文没有出现之前发挥着至关重要的作用，铭文与纹饰相比传递信息更为直接，因此，在铭文出现后，青铜器所要表达的象征意义和要传达的信息主要通过铭文来实现，铭文承载的社会功能开始逐渐增多，包括训诰、律令、讼辞、盟誓、出使、祭祀以及乐律等诸多内容，其中"论撰其先祖之有德善，功烈勋劳庆赏声名"，即记录祖先德善的祭祀功能，显扬先祖，在祭祀中体现后世子孙的孝道，这是"唯贤者能之"的大事，因此西周时期人们十分重视铭文的价值，在使用过程中逐渐形成一定的规范，并纳入礼的范畴。在礼制的约束下，铸刻铭文要十分严谨，必须符合礼制的规定。

周代铭文纪功的标准为"天子令德，诸侯言时计功，大夫称伐"③。人们认为只有符合这个条件才符合礼制。刘勰对此解释说"夏铸九牧之金鼎，周勒肃慎之楛矢，令德之事也；吕望铭功于昆

---

① ［日］白川静《金文的世界》，联经出版事业公司1980年版，第11页。
② 同上，第12页。
③ 杨伯峻《春秋左传注》，中华书局1990年版，第1047页。

吾，仲山镂绩于庸器，计功之义也；魏颗纪勋于景钟，孔悝表勤于卫鼎，称伐之类也"①，刘勰所举诸例皆为符合礼制的典范。以孔悝之鼎铭为例，《礼记·祭统》载：

> 故卫孔悝之鼎铭曰："六月丁亥，公假于大庙。公曰：'叔舅！乃祖庄叔，左右成公。成公乃命庄叔，随难于汉阳，即宫于宗周，奔走无射。启右献公。献公乃命成叔，纂乃祖服。乃考文叔，兴旧耆欲，作率庆士，躬恤卫国，其勤公家，夙夜不解，民咸曰："休哉！""公曰：'叔舅！予女铭，若纂乃考服。'悝拜稽首曰：'对扬以辟之，勤大命施于烝彝鼎。'"此卫孔悝之鼎铭也。②

春秋卫国大夫孔悝鼎铭为人称道的原因在于其合礼，按照礼的规定，"古之君子，论撰其先祖之美，而明著之后世者也。以比其身，以重其国家如此。子孙之守宗庙、社稷者，其先祖无美而称之，是诬也；有善而弗知，不明也；知而弗传，不仁也。此三者，君子之所耻也。"③孔悝有拥立卫庄公之功，按照《周礼·司勋》："凡有功者，铭书于王之大常，祭于大烝，司勋诏之。"④孔悝之鼎铭是受卫庄公之命为纪录先祖功业而作，这是符合"以称扬其先祖之美，而明著之后世"的铸铭原则，是合礼的行为，因此受到称赞。

在西周礼乐文化背景下，铸铭已经成为一种礼制，被赋予了礼乐文化的内涵，为时人认可并遵循，天子、诸侯、卿大夫都乐于铸铭纪功颂扬祖先，社会上逐步形成铸铭的风气。

---

① 周振甫《文心雕龙注释》，人民文学出版社 1981 年版，第 116 页。
② （清）孙希旦撰，沈啸寰、王星贤点校《礼记集解》，中华书局 1989 年版，第 1251—1252 页。
③ 同上，第 1252 页。
④ （清）阮元校刻《十三经注疏》（附校勘记），中华书局 1980 年版，第 841 页。

当铭成为一种礼制，一种荣耀之时，一些过于急切的人就会做出为了铸铭而违反礼制的行为，这种情况在礼崩乐坏的春秋时代尤为明显，如《左传·襄公十九年》：

> 季武子以所得于齐之兵作林钟而铭鲁功焉。臧武仲谓季孙曰："非礼也。夫铭，天子令德，诸侯言时计功，大夫称伐。今称伐，则下等也；计功，则借人也；言时，则妨民多矣，何以为铭？且夫大伐小，取其所得，以作彝器，铭其功烈，以示子孙，昭明德而惩无礼也。今将借人之力以救其死，若之何铭之？小国幸于大国，而昭所获焉以怒之，亡之道也。"①

鲁大夫臧武仲之所以对季武子征伐和铭钟行为提出严厉批评，是因为此举"非礼也"，"非礼也"是春秋时期对不合礼制行为进行评判时经常使用的词语，季武子的行为严重违背礼制规定，臧武仲这里提出制"铭"的基本原则："天子令德，诸侯言时计功，大夫称伐"。季武子无论是代表鲁国"言时"、"计功"，还是自身大夫身份的"称伐"，都不符合礼法的规定，因此遭到臧武仲的批评与质疑。

从时人对孔悝与季武子的评价中可以看出，铸铭是非常严肃的事情，对于铸铭者来说是一种荣誉，既可以荣耀祖先，又能够传之后世。正因如此，在殷商时期承担着宗教和政治功能的铭文，在西周时代被赋予了新的礼乐文化内涵。在周代礼乐文化背景下，"铭"作为一种行为，已经成为社会的重要礼制，铭文在西周时代的繁盛，春秋战国时代的衰落，正是其承担礼乐文化功能的最好注解。

---

① 杨伯峻《春秋左传注》，中华书局 1990 年版，第 1047 页。

二　先秦铜器铭文的文体特征

现存先秦铜器铭文的数量非常多，仅《殷周金文集成》和《近出殷周金文集录》两部铭文总集中所收的先秦铭文就有一万三千四百多篇，此外近年各地也陆续出土不少青铜铭文。先秦青铜器根据功用分为礼器、食器、兵器、乐器等类别，所载铭文的内容相当丰富，包括祭祀典礼、册命、赏赐、征伐纪功、土地制度、训诰、约剂等，涉及到社会的方方面面，与其他文体相比，铭文内容的丰富性与广泛性也是一个突出特点。

先秦的青铜铭文按照内容和格式大致可以分为：祭祀、册命、训诰、记事等四种。① 下面分别介绍：

"国之大事，在祀与戎"②，祭祀是先秦社会非常重视的大事，先秦青铜彝器很多是祭器，用于祭祀是其重要的功能。铭文中有关祭祀的内容主要包括记载祭祀对象或典礼、颂扬祖先功德，目的是透过铭文告慰祖灵。因此记录祭祀对象的铭文一般都很简短，如"戈父丁"③ 是戈氏为父丁作器，"戈"为族氏名；"子戚父辛"④ 是"子戚"为祭祀"父辛"而作器；"小子作父己鼎"⑤ 是"小子"为"父己"作鼎；"册乍（作）父癸宝尊彝"⑥ 是"册"为"父癸"作祭器。略复杂一些的如成王时"保卣"："乙卯，王令保及殷东或（国）五侯，征（诞）兄（荒）六品，蔑历于保，易宾，用乍文父癸宗宝尊彝，遘（遘）于四方迨（会）王大祀，祓（祐）于周，才

---

① 马承源《中国青铜器》，上海古籍出版社 2003 年版，第 350—362 页。
② 杨伯峻《春秋左传注》，中华书局 1990 年版，第 861 页。
③ 陈佩芬《夏商周青铜器研究》，上海古籍出版社 2003 年版，第 166 页。
④ 同上，第 257 页。
⑤ 《殷周金文集成》（修订增补本），中华书局 2007 年版，第 1087 页。
⑥ 同上，第 1166 页。

二月既望（望）."① 包括时间、地点、人物、赏赐、祭祀对象等内容，是记载祭祀典礼的铭文，对祭祀仪式进行简明扼要的概括。

祭祀的目的是为了让神灵祖先佑护自己，所以作为与神灵进行沟通主要媒介的铭文，必须要包含称美祖先功德、显扬先祖等内容，此类铭文主要存在于西周时期，西周后期尤多，一般篇幅较长。比较有代表性的有"史墙盘"、"禹鼎"、"大克鼎"、"虢叔钟"、"番生簋"、"师望鼎"等。以"师望鼎"为例：

> 大师小子师望曰，不显皇考宄公，穆穆克盟厥心，陑（哲）厥德，用辟于先王，㝵（得）屯亡敃（闵）。望肇帅井（型）皇考，虔夙夜出内（入）王命，不敢不分不夒，王用弗舋（忘）圣人之后，多蔑历易休。望敢对扬天子不显鲁休，用乍朕皇考宄公尊鼎。师望其万年子子孙孙永宝用。②

文中"师望"夸耀先父"宄公"品德、功绩，并说明自己以祖先为榜样，执行王命，并让子孙后代永远记住祖先功德。铭文主要内容是"称扬其先祖之美"，体现的是"孝子孝孙之心"，语言简洁，突出作器者的目的。先秦时期祭祀类铭文形式大都如此，区别之处在于篇幅长短和称美的内容不同。

"册命"是指封官授职，是西周社会非常重要的典礼，天子任命百官封建诸侯、诸侯封卿大夫、卿大夫封臣宰，都需要举行此礼。《说文》："册，符命也。诸侯进受于王者也。"③ 西周册命铭文是当时王室、公室或诸侯册命的真实记载，册命文字原书于简册，

---

①　马承源《商周青铜器铭文选》（三），文物出版社 1988 年版，第 22 页。
②　同上，第 146 页。
③　（汉）许慎《说文解字》，中华书局 1963 年版，第 48 页。

册命时由专人当廷宣读，受命者接受册命后铸器铭记。[①] 在体制上比较完整的西周册命铭文一般包括册命的时间、地点、册命仪式、授职、赐物、受命仪式、作器铭识等七个部分，也有部分册命铭文省略部分内容。如：

> 隹元年六月既望甲戌，王才杜空（居），洛（格）于大室。井白（伯）内（入）右师虎，即立中廷，北卿（向）。王乎（呼）内史吴曰："册令虎。"王若曰："虎，截（载）先王既令乃取（祖）考事，啻（适）官嗣左右戏緐（繁）荆。今余隹帅井（型）先王令，令女（汝）更（赓）乃取（祖）考，啻（适）官嗣左右戏緐（繁）荆，苟（敬）夙夜勿灋（废）朕令。易女（汝）赤舄，用事。"虎敢拜䭫首，对扬天子不杯鲁休，用乍朕剌（烈）考日庚尊簋。子子孙孙其永宝用。[②]

师虎簋铭文是形式上比较完整的册命铭文，可以作为西周册命铭文代表。"隹元年六月既望甲戌"是此次册命的时间，"王才杜空（居），洛（格）于大室"是册命的地点，"井白（伯）内（入）右师虎，即立中廷，北卿（向）"为册命仪式，"王乎（呼）内史吴……'啻（适）官嗣左右戏緐（繁）荆，苟（敬）夙夜勿灋（废）朕令'"为册命授职，"易汝赤舄，用事"为赐物，"虎敢拜䭫首，对扬天子不杯鲁休"是受命仪式，"用乍朕剌（烈）考日庚尊簋。子子孙孙其永宝用"为作器铭识。册命铭文中有些比较简单，如楚簋铭文：

---

① 陈汉平《西周册命制度研究》，学林出版社 1986 年版，第 2—3 页。
② 马承源《商周青铜器铭文选》（三），文物出版社 1988 年版，第 168 页。

> 佳正月初吉丁亥，王各（格）于康宫。中（仲）偁父内
> （入）又（佑）楚立中廷，内史尹氏册命楚赤🔲（雍）市、縊
> 旂，取遄五乎（锊），嗣夆（莽）啚（鄙）官内师舟。楚敢拜
> 手頣首，寰（对）扬天子不显休。用乍尊簋。其子子孙孙万年
> 永宝用。①

楚簋铭文记载周王对楚的册命。时间是正月初吉丁亥日，地点为康宫，受册命人为楚，仲偁父陪同楚；过程是：楚站在庭的中部，内史尹氏向楚宣读周王册命，并赏赐雍市、鋚旂，确定其俸禄，任命其官职。楚行稽首礼，并称颂感谢天子恩德。因此铸造此器，愿自己子孙后代永远珍用。该铭省略了内史尹氏宣读册命书的过程，仅用"内史尹氏册命楚"一笔带过，也没有记录册命书的原文，而是选择册命书中的赏赐物品和所授官职代替。

　　有的青铜铭文关于册命的典礼仪式记载较为详细，可以与传世文献相互印证。《礼记·祭统》："故祭之日，一献，君降立于阼阶之南，南乡，所命北面，史由君右执策命之。再拜稽首，受书以归，而舍奠于其庙。此爵赏之施也。"② 有关册命所言甚略。《左传》中记载较《礼记》详细："已酉，王享醴，命晋侯宥，王命尹氏及王子虎、内史叔兴父策命晋侯为侯伯，赐之大辂之服、戎辂之服，彤弓一、彤矢百，玈弓矢千，秬鬯一卣，虎贲三百人，曰：'王谓叔父，敬服王命，以绥四国，纠逖王慝。'晋侯三辞，从命，曰：'重耳敢再拜稽首，奉扬天子之丕显休命。'受策以出，出入三觐。"③ 与"师虎簋"、"颂簋"等记载的册命内容和文体格式大致相同。

---

① 马承源《商周青铜器铭文选》（三），文物出版社 1988 年版，第 162 页。
② （清）阮元校刻《十三经注疏》（附校勘记），中华书局 1980 年版，第 1605 页。
③ 杨伯峻《春秋左传注》，中华书局 1990 年版，第 463—466 页。

训诰铭文在西周时期出现较多，春秋战国甚为少见。训诰记载周天子训导告诫臣子之辞，如"何尊"：

> 佳王初鑵（壅）宅于成周，复禀珷王豊（礼）福自天，才四月丙戌，王亯（诰）宗小子于京室，曰："昔才尔考公氏克逑（弼）玟王，肆玟王受兹 大令 。佳珷王既克大邑商，则廷告于天，曰：'余其宅兹中或（国），自之辥（乂）民'乌乎！尔有唯（虽）小子亡（无）戠（识），眡于公氏有爵（恪）于天，叡（徹）令苟（敬）亯弋（哉）。"重（惟）王龏（恭）德谷（裕）天，顺（训）我不每（敏）。王咸亯（诰），何易贝卅朋，用乍 亩 公宝尊彝。佳王五祀。①

何尊是西周成王时器，内容是周成王对"何"继承祖先功业的训示，成王先称赞何的父亲辅助文王的功绩，希望"何"能够像父亲一样忠于职守，敬奉王命。铭文中也有"何"对周王的德行称颂祝愿。从"何尊"可以看出，训诰铭文的格式包括时间、地点、受诰者、诰辞、赏赐、作器等几个部分。训诰铭文的主体是诰辞，"何尊"中诰辞的内容较少，西周训诰铭文中诰辞最多、内容最丰富的是"毛公鼎"，铭文字数共计497字，其中诰辞有470多字。文中周王作五次发言，追述周文王、武王的丰功伟绩，感慨时局不宁。接着记叙宣王为振兴周室，册命毛公，兴德爱民、忠心辅佐宣王，同时赐物以示鼓励。毛公为答谢周王，特铸鼎记事颂德，传之后世子孙以资纪念。在文体格式上毛公鼎缺少诰命的时间、地点，但是包含对周王的称扬赞颂和祝愿辞。

记事类铭文在先秦铭文中数量较多，包含的内容也很丰富，如

---

① 马承源《商周青铜器铭文选》（三），文物出版社1988年版，第20页。

征伐、赏赐、律令、盟誓、纪功、出使、约剂等等。在文体格式上，包括繁式和简式两种，简式的仅有所记事项，如"王宜人方，无祆（侮），咸。王商（赏）乍册般贝；用乍父己尊。来册"①。记商王出兵祭社并赏赐作册般之事；"王易征（德）贝廿朋用乍宝尊彝"②。记周成王赏赐大臣德贝之事。简式铭文记事简单直接，没有时间、地点以及当时举行的大事作为参照，更无修饰之语。

繁式的记事铭文在格式上较简式复杂，并且从商至周，文体格式经历了逐渐丰富的过程。如殷商时期"小臣邑斝"："癸子（巳），王易小臣邑贝十朋，用乍母癸尊彝，隹王六祀，夕（肜）日才四月。"③该铭记载帝辛赏赐小臣邑十朋贝，小臣邑因此为母癸作祭器。文中包含时间、赏赐物品、作器等内容，虽然字数较少，内容略显简单，但作为殷商时期记事铭发展初期的文体，已经为西周时期记事铭文的发展奠定了基础。西周早期的记事铭依然继承殷商铭文简洁的特点，如周成王时的"德方鼎"："隹三月，王才成周，征（延）珷（武）福，自蒿（镐），咸。王易征（德）贝廿朋，用乍宝尊彝。"④ 如果仅从记事风格和文体格式考察，很难把该铭与殷商末期的铭文区分开，这也是西周早期铭文处于过渡时期的特殊之处。康王时期记事铭已经有所发展，文体格式更加丰富，如康王时期的"庚嬴卣"："隹王十月既望，辰才己丑，王逆于庚嬴宫，王蔑（蔑）庚嬴曆，易贝十朋，又丹一枅（管），庚嬴对扬王休，用乍乒文姑宝尊彝，其子子孙孙万年永宝用。"⑤该铭记载周王对庚嬴赏赐的时间、地点、赞扬、赏赐物品内容，庚嬴对周王的称扬、作器以及祝愿辞等，体制上已经很全面，属于很成熟的记事铭文文体。在此后

① 马承源《商周青铜器铭文选》（三），文物出版社 1988 年版，第 6 页。
② 同上，第 27 页。
③ 同上，第 7 页。
④ 同上，第 26 页。
⑤ 同上，第 37 页。

西周中晚期的记事铭文在文体格式上没有新的变化，只是在记事内容上更加详细具体，铭文的篇幅也大大增加。

战国时期，青铜记事铭文发生新的变化，即"物勒工名"的出现，并成为战国时期铭文的主要内容。所谓"物勒工名"，就是在器物上铸刻制造机构、职官名称和制作者名字。如：

> 十三年，繁阳令繁戏，工师北宫罍，冶黄。①
> 四年，吕不韦造，高工龠，丞申，工地。②

上面两则铭文都属兵器，以矛的铭文为例，"四年"指秦王嬴政四年，是铸器时间；"吕不韦造"指吕不韦任相职督造，"高工"为秦县名，"丞申"指工师的助手为申，"丞"为副职官吏，这里指工师助手，"申"为人名。"工地"指名字为"地"的工匠，也是此器制作者。这些兵器上的铭文主要是标明作器时间和负责者，铭文格式比较一致。战国时代物勒工名的目的，《吕氏春秋·孟冬》云："物勒工名，以考其诚。"③ 在器物上刻上制作者名字，是为了监督制作者，保证器物质量。这种方法一直到唐代还在沿用，《新唐书·百官·少府》："教作者传家技，四季以令丞试之，岁终以监试之，皆物勒工名。"战国时期"物勒工名"类铭文虽在格式上同属记事铭文，但在内容上却独具特色，成为青铜记事铭文中的一道独特风景。

青铜铭文记载了先秦社会生活的多个方面，丰富的铭文类别是对先秦社会各项事务有序记录的结果。先秦铭文根据内容和格式还

---

① 汤余惠《战国铭文选》，吉林大学出版社 1993 年版，第 62 页。
② 同上，第 70 页。
③ 陈奇猷《吕氏春秋新校释》，上海古籍出版社 2002 年版，第 523 页。

可以详细划分为更多类别①，但很多内容差异很大的铭文在文体上的界限并不严格，有很多相同之处。从殷商到西周，铭文体制上最大的变化在于篇幅增大和文体结构的丰富，这种明显的变化与西周礼制的建立和完善有着直接的联系，也为"器以藏礼"提供了有力的事实论据。

三　先秦铜器铭文的发展流别
及其文体启蒙意义

先秦铭文在文体发展史具有重要地位，可以视之为历代文章之祖。清代龚自珍《先秦彝器文录序》："三代以上，无文章之士，而有群史之官。群史之官之职，以文字刻之宗彝，大抵为有土之孝孙，使祝嘏告孝慈之言，文章亦莫大乎是，是又宜为文章家祖。"②先秦铭文在语言、思想、内容、形式、文体等方面对后世文体影响巨大，特别是对后世铭文的发展与演变起到重要作用，因此，视之为历代文章家之祖确不为过。

内容丰富、形式多样的先秦铭文蕴含着多种文体的雏形，后世蔚为大观的许多文体都与其有深刻的渊源。以册为例，先秦册命铭文在体制上对后世册的影响很大，如汉代的册命文明显与先秦册命文一脉相承，我们把上文的师虎簋铭文与汉武帝封子闳的册命进行比较就可以看出二者之间的承继关系。武帝册封齐王的册命文为：

> 维六年四月乙巳，皇帝使御史大夫汤庙立子闳为齐王。
> 曰：於戏，小子闳，受兹青社！朕承祖考，维稽古建尔国家，

①　马承源《中国青铜器》，上海古籍出版社 2003 年版，第 352—362 页。
②　（清）龚自珍《龚自珍全集》，上海人民出版社 1975 年版，第 267 页。

封于东土，世为汉藩辅。於戏念哉！恭朕之诏，惟命不于常。人之好德，克明显光。义之不图，俾君子怠。悉尔心，允执其中，天禄永终。厥有愆不臧，乃凶于而国，害于尔躬。於戏，保国艾民，可不敬与！王其戒之。①

该文在内容与结构上皆与师虎簋相类，在正式册命文之前，先说明举行册命的时间、地点、册命者、主持者及受册命者。然后是主持仪式者宣读册命，册命的内容包括三个内容：一是宣布"闳"受"青社"，建立国家；二是说明此举是效仿先人，行之有据；三是告诫之语。在宣读册命时，师虎簋直呼受命者"虎"之名，该文为"於戏，小子闳"也直呼被册命者之名；师虎簋用"今余佳帅井（型）先王令"说明册命合理性，而上文用"朕承祖考，维稽古"来解释；师虎簋用"敬夙夜勿废朕令"及"用事"来告诫"虎"受命之后谨慎努力从事，上文从立德修身等多方面来告诫"闳"，更为详细全面。

通过比较我们可以看出二者之间的承继性十分明显，汉代册命文无论在体制上还是内容上都保留了周代册命文的文体特征。先秦铭文不仅对后世册命文体有直接的影响，对盟誓、诏、诰、颂、赞、诫、箴、碑、哀祭等多种文体皆有影响。虽然先秦时期这些处于萌芽时期的文体还不规范，以后世文体观念看来，还不是严格意义上成熟的文体，但是这些不成熟的处于雏形状态的文体，在内容、体制、语言等方面具有重要的示范意义，对后世文体的形成直接起到促进作用。

先秦铭文的示范意义在其后的历代铭文文体上表现得最为明显，先秦铭文内容的开放性和广博性为后世铭文记载内容的广泛和

---

① （汉）司马迁《史记》，中华书局 1982 年版，第 2111 页。

灵活提供了有益借鉴。先秦铭文的内容包括铭记功德、赏赐、战争、祭祀、册命、诉讼、土地制度、誓词等许许多多当时认为有必要铸刻在铜器的大事，这些内容涉及当时社会生活的方方面面。后世铭文在发展过程中继承了先秦青铜铭文的这一特性，内容上具有较强的开放性，在记载传统的对祖先、自身以及帝王将相的歌功颂德之外，秦代以后出现了大量对自然山川景色的描绘、对名人名家的赞美，甚至对日常生活常见器物功用刻画的各类铭文，如刘向《杖铭》、崔骃《袜铭》、李尤《漏刻铭》、《函谷关铭》等，这些铭文与先秦铭文相比少了一些宗教祭祀的严肃，而多了一些灵动自然。

周代铭文以记载令德纪功为主兼及警戒的特点直接为后世铭文所继承，如秦代李斯《琅琊台刻石》以"功盖五帝，泽及牛马。莫不受德，各安其宇"[①] 颂扬始皇、汉班固《十八侯铭》赞颂张良、樊哙、陈平、曹参等汉代开过功臣[②]、王粲《无射钟铭》以"有魏匡国，成功允章。格于上下，光于四方"[③] 赞美国君等。后世铭文并不局限于对祖先天子诸侯大臣的歌颂，扩展到对作者喜爱事物赞扬，其中既有汉李尤《漏刻铭》、魏王粲《刀铭》、宋鲍照《药奁铭》、梁陆倕《新刻漏铭》、唐欧阳詹《陶器铭》等对生活器物赞美，也有如鲍照《飞白书势铭》、唐独孤及《大云寺钟铭》对书法、音律之美的歌颂，因此，刘勰《文心雕龙》所言"铭兼褒赞，故体贵弘润"[④] 是对铭颂扬特点总结，其后铭文发展也体现出了这个特性。

铭文的警戒功用起源很早《文心雕龙·铭箴》："昔帝轩刻舆几

---

① 严可均《全上古三代秦汉三国六朝文》，中华书局1958年版，第122页。
② 同上，第613页
③ 同上，第965页。
④ 周振甫《文心雕龙注释》，人民文学出版社1981年版，第117页。

以弼违，大禹勒笋虡而招谏。成汤盘盂，著日新之规；武王户席，题必诫之训。周公慎言于金人，仲尼革容于欹器，则先圣鉴戒，其来久矣。"① 先秦青铜铭文蕴含警戒之意者甚多，一般见于册命、训诰铭文，如"女（汝）某不又（有）昏，母（毋）敢不善"② 等，见于传世文献的如商汤盘铭"苟日新，日日新，又日新"③，《国语》所载商之衰铭："嚣嚣之德，不足就也，不可以矜，而祗取忧也。嚣嚣之食，不足狃也，不能为膏，而祗罹咎也。"④ 以及《左传》"一命而偻，再命而伛，三命而俯。循墙而走，亦莫余敢侮"⑤ 都有警戒之意，所以汉代扬雄《法言》认为"铭哉！铭哉！有意于慎也"⑥。先秦之后出现很多蕴含警诫之意铭文，其中发展得最快并自成一体的是座右铭，如汉崔瑗"无道人之短，无说己之长。施人慎勿念，受施慎勿忘"、"行之苟有恒，久久自芬芳"⑦；严尊"忠孝者富贵之门，节俭者不竭之源"⑧、白居易"勿慕富与贵，勿忧贱与贫"⑨ 等都是以自我警诫为目的。

明代吴师曾总结铭文文体时说："然要其体不过有二：一曰警戒，二曰祝颂。"⑩ 准确概括出明代以前铭文内容及功用特点。吴讷《文章辨体序说》对戒警作用铭文与颂扬作用铭文发生次序进行梳理，"按铭者，名也，名其器物以自警也。汉《艺文志》称道家有《黄帝铭》六篇，然亡其辞，独《大学》所载成汤盘铭九字，发明日新之义切。迨周武王，则凡几席觞豆之属，无不勒铭以至戒

---

① 周振甫《文心雕龙注释》，人民文学出版社 1981 年版，第 116 页
② 马承源《商周青铜器铭文选》（三），文物出版社 1988 年版，第 207 页。
③ （清）阮元校刻《十三经注疏》（附校勘记），中华书局 1980 年版，第 1673 页。
④ 来可泓《国语直解》，复旦大学出版社 2000 年版，第 355 页。
⑤ 杨伯峻《春秋左传注》，中华书局 1990 年版，第 1295 页。
⑥ （汉）扬雄《法言》，《诸子集成》，上海书店 1986 年版，第 7 页。
⑦ 严可均《全上古三代秦汉三国六朝文》，中华书局 1958 年版，第 718 页。
⑧ 同上，第 719 页。
⑨ 谢思炜校注《白居易文集校注》，中华书局 2011 年版，第 79 页。
⑩ （明）徐师曾《文体明辨序说》，人民文学出版社 1998 年版，第 142 页。

警。厥后又有称述先人之德善劳烈为铭者，如春秋时孔悝鼎铭是也。"① 认为铭文最初主要用于自警，祝颂之类铭文在其后出现，总结得较为准确。

先秦青铜铭文蕴含的不朽观念为后世铭文所继承。把青铜器作为载体重要原因在于其可以永远保存，墨子认为"古者圣王必以鬼神为，其务鬼神厚矣，又恐后世子孙不能知也，故书之竹帛，传遗后世子孙。咸恐其腐蠹绝灭，后世子孙不得而记，故琢之盘盂镂之金石以重之。"② 青铜器上铸刻铭文可以使祖先功德传之后世，子孙后代在继承先祖留传下来的彝器时，上面铸刻的先祖美德也就随之永世流传，即可以使祖先之美"明著之后世"。作器者这种思想在铭文中表现得十分明显，先秦大部分铭文的末尾都有"子子孙孙永宝用"、"子孙永宝用"或"永宝用"等词语，"永宝用"的目的是最终实现"先祖之德善、功烈、勋劳、庆赏、声名"万世流传。在时人观念之中，颂扬祖先是理所当然之事，《礼记·祭统》："子孙之守宗庙社稷者，其先祖无美则称之，是诬也；有善而弗知，不明也；知而弗传，不仁也。"③ 按照仁的要求，祭祀祖先、显扬先祖，正是彰显孝道的最适合的方式。先秦时期这种永世流传的观念实质就是春秋时出现的"三不朽"思想。春秋时期鲁国大夫穆叔认为"大上有立德，其次有立功，其次有立言，虽久不废，此之谓不朽。"④，"不朽"的一个标志是"虽久不废"，"不朽"的内容是"德"、"功"、"言"，穆叔所说的"三不朽"也正是铭文重点记载的内容，也是需要"子子孙孙永宝用"的内容。通过铸刻金石使功绩永久流传的观念在秦及以后的铭文中不断被继承。秦代李斯刻石中

---

① （明）吴讷《文章辨体序说》，人民文学出版社1998年版，第46页。
② （清）孙诒让《墨子间诂》，《诸子集成》，上海书店1986年版，第147页。
③ （清）阮元校刻《十三经注疏》（附校勘记），中华书局1980年版，第1607页。
④ 杨伯峻《春秋左传注》，中华书局1990年版，第1088页。

《泰山刻石》的"遵奉遗诏，永承重戒"、《之罘东观刻石》"常职既定，后嗣循业，长承圣治"、《碣石门刻石》"群臣诵烈，请刻此石，垂著仪矩"① 等，都是希望始皇的功业能够不朽，为后世子孙及大臣之轨则。班固《高祖沛泗水亭碑铭》"承天之福佑，万年是兴"②、梁陆倕《石阙铭》"地久天长，神哉华观，永配无疆"③、唐皇甫湜《俍石铭》"刻词俍石，炯戒千秋"④ 等铭辞也都表达永世不朽之意。

先秦之后，铭文的写作为历代士人所重视，创作了大量的各类铭文。如《昭明文选》卷五十六收录汉晋铭文五篇。宋代《文苑英华》卷七百八十五至七百九十收录铭文126篇。明贺复征《文章辨体汇选》收录铭文近200篇。清姚鼐《古文辞类纂》卷六十收录崔瑗、张载、苏轼等人铭文五篇，其他历代诗文总集也都收录了大量铭文。这些铭文大多出自历代名家之手，如李斯、班固、蔡邕、张载、王粲、傅玄、鲍照、韩愈、柳宗元、刘禹锡、白居易、苏轼、黄庭坚、宋濂等都有铭文传世。

随着社会历史的发展，青铜铭文在战国之后出现了一些新的变化：一是铭文载体由先秦青铜器扩大到碑石、器物；二是铭文类别更加丰富；三是铭文表现内容扩大，具有较强文学性质的铭文出现。

从秦代开始，铭文的载体由先秦时期青铜器扩展到碑石、日常器物、建筑等。明徐师曾《文体明辨序说·铭》："考诸夏商鼎彝尊卣盘匜之属，莫不有铭，而文多残缺，独《汤盘》见于《大学》，而《大戴礼》备载武王诸铭，使后人有所取法。是以其后作者寖繁，凡山川、宫室、门、井之类皆有铭词，盖不但施之器物而

① 严可均《全上古三代秦汉三国六朝文》，中华书局1958年版，第122页。
② 同上，第613页。
③ 同上，第3258页。
④ （清）董诰《全唐文》，中华书局1983年版，第7033页。

已。"① 如碑石，现存李斯石刻七种皆为名篇，为后世兴起的山川铭的奠基之作。这些石刻主要是对秦始皇"天子令德"的歌颂，如"威动四极，武义直方。戎臣奉诏，经时不久，灭六暴强"、"黔首康定，利泽长久"②、"功盖五帝，泽及牛马。莫不受德，各安其宇"等③。秦代对刻石价值的认识与西周青铜铭文相近，主要是歌功颂德的目的，如李斯、王绾、王离等秦朝大臣就此曾讨论过，认为古代帝王、诸侯"地不过千里"，"相侵暴乱，残伐不止"，却"犹刻金石"，目的是"以自为纪"，而始皇帝"并一海内，以为郡县，天下和平。昭明宗庙，体道行德，尊号大成"，功绩德行非古代帝王可比，因此更应该"刻于金石，以为表经"④，可见，青铜器与碑石在铭记功德方面，发挥着相同的功用。秦代以后，刻石铭文不断出现，如汉武帝《泰山刻石文》、李尤《函谷关铭》、庾信《望美人山铭》、李白《天门山铭》等。其他在日常生活器物、庙观、亭台楼阁上撰写铭文也为历代文人所喜爱，如张载《剑阁铭》、苏轼《九成台铭》、王安石《伍子胥庙铭》、苏辙《六祖卓锡泉铭》等。

随着载体的变化、表现内容和题材的扩大，铭文的种类逐渐增多，有些迅速发展，已自成一体。宋代的《文苑英华》中把铭文分为并分为纪德、塔庙、山川、楼观、器用、杂铭六类，明贺复征《文章辨体汇选》对部分铭文进行归类，分为赞美、杂铭、器皿、志感等四类。这些分类有的从形式、有的从载体分，有的从内容分，还有的是内容和形式综合考虑作为分类的标准。在这些类别中，碑铭经过长期的发展，已经独立成体。历代诗文总集、文章总集中，碑文和墓志铭一直没有作为铭文的次生文体纳入分类的视

---

① （明）徐师曾《文体明辨序说》，人民文学出版社 1998 年版，第 142 页。
② 严可均《全上古三代秦汉三国六朝文》，中华书局 1958 年版，第 121 页。
③ 同上，第 122 页。
④ 同上，第 121 页。

野，墓志铭始终独立于铭文分类体系之外，这种现象从刘勰《文心雕龙》已经开始，"铭箴"和"诔碑"两篇把"铭"和"碑"分列为两种文体，而未把碑纳入铭的范围。但他却认同碑、铭同源，"庸器渐缺，故后代用碑，以石代金，同乎不朽，自庙徂坟，犹封墓也"①，"庸器"，就是古代用以纪功的青铜器。《周礼·春官·序官》："典庸器。"郑玄注："庸，功也。郑司农云：'庸器，有功者铸器铭其功。'"②刘勰认为先秦以后碑铭盛行的原因在于青铜器的缺乏，所以后世以石代金，同样出于不朽的目的。虽然碑、铭同源，但是在后世文体分类中仍然把墓志铭单独作为一类文体。徐师曾"然其体不过有二：一曰警戒，二曰祝颂，……此外，又有碑铭、墓碑铭、墓志铭，则各为类。"③从本质上，碑铭、墓志铭和墓碑铭还是属于铭文的范畴。

先秦青铜铭文承载着宗教和政治功能，其内容也与此相关的祭祀、纪功、册命等，秦汉以后，铭文的内容已经不再局限于此，开始自由表现广阔的世界，原来以实用为主的应用文开始出现文学化的倾向，部分铭文已经演化为书面的纯文学作品，如鲍照《石帆铭》用"应风剖流，息石横波，下潨地轴，上猎星罗。吐湘引汉，歙蠡吞沱，西历岷、冢，北泻淮河"④等骈俪词句描绘自然景色，恰如一篇咏物小赋。其他如崔骃《袜铭》、庾信《思旧铭》、傅玄《口铭》、《飞白书势铭》、刘禹锡《佛衣铭》、陆龟蒙《书铭》、钟惺《断香铭》等，或摹写生活器物之功用，或形容友情之难忘，或表现书法之美，或呈现佛理之哲思，这些铭文已经成为作者笔下优美并富有韵律的词句，以表现自身情感与思考。除却以"铭"名文之

---

① 周振甫《文心雕龙注释》，人民文学出版社1981年版，第128页。
② （清）阮元校刻《十三经注疏》（附校勘记），中华书局1980年版，第754页。
③ （明）徐师曾《文体明辨序说》，人民文学出版社1998年版，第142页。
④ 严可均《全上古三代秦汉三国六朝文》，中华书局1958年版，第2695页。

外，与当时的纯文学作品无异，铭文创作已经进入了文学领域。先秦的青铜铭文作为中国古代出现最早、文化内涵最为丰富的文体之一，其蕴含的丰富的文体形式影响其后铭文的发展，既是先秦社会思想文化的载体，也是后世文体发展的源泉。秦汉以后的铭文正是在先秦铭文的影响下得以蓬勃发展，在不同的时代呈现出各自的风采。

第三章
周代册命铭文的体制与流变

在现存的周代铜器铭文中，册命铭文是比较特殊的一个类别。它全面记载了包括册命地点、参与人员、册命仪式、赏赐物品、训诰内容、答拜礼仪等具体册命制度，具有极其重要的历史文化价值。在长期广泛使用铭文过程中，有着良好知识文化修养的社会上层人士直接参与铭文的创作，使册命铭文逐渐形成相对稳定的体制与独特的风格，并且这种体制由于具有较强的实用性，在周代以后的中国社会中继续发展。

"册命"亦作"策命"，是指封官授职，是西周社会至春秋时代周王或诸侯任命官员、赏赐车服、命服的制度，包括天子任命诸侯、百官，诸侯任命卿大夫等。《说文》："册，符命也。诸侯进受于王也。象其札一长一短，中有二端之形。凡册之属皆从册。"① 指天子封建赏赐诸侯。"册命"又称"策命"或"锡命"，《左传·昭公三年》："授之以策"，注："策，受命之书。"② 《周礼·内史》：

① 《周礼注疏》，北京大学出版社 1999 年版，第 710 页。
② （清）阮元校刻《十三经注疏·春秋左传正义》卷四十二，中华书局 2009 年版，第 4412 页。

"凡命诸侯及孤、卿、大夫,则策命之。"郑玄注曰:"郑司农说以《春秋传》曰:'王命内史兴父策命晋侯为侯伯。'策谓以简策书王命。"①《左传·僖公二十八年》:"王命尹氏及王子虎、内史叔兴父策命晋侯为侯伯。"② 吴讷《文章辨体序说》:"盖册、策二字通用。至唐宋后不用竹简,以金玉为册,故专谓之册也。若其文辞体制,则相祖述云。"③"册命"又称"锡命"。锡者,赐也。是指在任命官制并赏赐物品。如《易·师卦·九二》:"王三锡命。"孔颖达疏:"三锡命者,以其有功,故王三加锡命。"④《春秋·庄公元年》:"王使荣叔来锡桓公命。"《公羊传》:"锡者何,赐也。命者何,加我服也。"⑤ 西周册命铭文是当时王室、公室或诸侯册命的客观真实记录,册命文字原书于简册,在举行册命仪式时由专人当场宣读,受命者接受册命后铸器铭记。

一 周代的册命礼仪和铸铭风气

周代册命制度继承殷商册命制度并加以改进创新,并最终系统化。由于文献缺失,商代以前是否存在册命制度现在难以确定,但可以肯定的是,商代已经实行。天命思想与册命制度关系密切,"'天命'思想起源于为人间册命制度,'天命'思想为人间册命制度在人与天观念中之曲折反映。"⑥ 如《诗经·商颂·玄鸟》:

> 天命玄鸟,降而生商,宅殷土芒芒。古帝命武汤,正域彼

---

① (清)阮元校刻《十三经注疏·周礼注疏》卷二十六,中华书局 2009 年版,第 1770 页。
② 杨伯峻《春秋左传注》,中华书局 1990 年版,第 463 页。
③ (明)吴讷著,于北山点校《文章辨体序说》,人民文学出版社 1998 年版,第 36 页。
④ (清)阮元校刻《十三经注疏·周易正义》卷二,中华书局 2009 年版,第 49 页。
⑤ 同上《春秋左传正义》卷八,第 3825 页。
⑥ 陈汉平《西周册命制度研究》,学林出版社 1986 年版,第 10 页。

四方。方命厥后，奄有九有。商之先后，受命不殆，在武丁孙子。武丁孙子，武王靡不胜。龙旗十乘，大糦是承。邦畿千里，维民所止，肇域彼四海。四海来假，来假祁祁。景员维河，殷受命咸宜，百禄是何。①

"玄鸟"是商人的图腾，是天帝的使者，是神鸟。这首诗是祭祀歌颂祖先的乐歌，《毛序》："玄鸟，祀高宗也"，朱熹说："此亦祭祀宗庙之乐，而追叙商人之所由生，以及其有天下之初也"②。该诗与周人的祭祖颂歌《生民》相似，是商人后裔对本族历史的回顾，具有重要的史料价值。该诗强调上天降生商王，拥有殷地，从商汤至后世君王皆为接受天命，因此得以拥有天下万邦。诗中反复叙说商王所受为天命，强调受命的合理与无可置疑。又《诗经·商颂·长发》："濬哲维商，长发其祥。洪水芒芒，禹敷下土方。外大国是疆，幅陨既长。有娀方将，帝立子生商。玄王桓拨，受小国是达，受大国是达。……帝命不违，至于汤齐。汤降不迟，圣敬日跻。昭假迟迟，上帝是祗，帝命式于九围。……敷政优优，百禄是遒。……昔在中叶，有震且业。允也天子，降予卿士。实维阿衡，实左右商王。"③歌颂商的祖先契、相土和成汤，宣称从契开始即有受天命的祯祥，这种天命思想实际上是作为商王任命诸侯大臣的思想基础。《史记·殷本纪》："西伯之臣闳夭之徒，求美女、奇物、善马以献纣，纣乃赦西伯，西伯出而献洛西之地，以请除炮烙之刑，纣乃许之。赐弓、矢、斧、钺，使得征伐。"④周文王获得征伐权力源于商纣王，纣王赏赐文王的物品不是经济上的物质财富，而

---

① 程俊英、蒋见元《诗经注析》，中华书局1991年版，第1029页。
② 同上。
③ 同上，第1034—1039页。
④ （汉）司马迁《史记》，中华书局1982年版，第106页。

是出于政治的考量，"弓、矢、斧、钺"象征着政治地位和军事统帅权，表明文王拥有这些权力是合理合法，纣王赏赐并赋予文王权力的过程实际上就是册命的过程。

《论语·为政》"殷因于夏礼，所损益，可知也。周因于殷礼，所损益，可知也。"① 周初建国，政治制度方面多为继承商代，册命制度亦为如此。经过多年的完善与发展，最终形成一套完整的册命礼仪。陈汉平《西周册命制度研究》和景红艳博士《西周赏赐制度研究》对周代册命制度研究甚详②，结合二人论述并据有关文献，略述如下：

1. 册命时间

西周册命一般要选择吉日进行，即"诹日"，《说文》："诹，聚谋也。从言取声。"诹日的习惯在商代甲骨卜辞中多有记载，无论是战争、婚姻、远行等事皆先择日，避免灾祸。周代继承商代诹日习俗，举行各种仪式时定当选择日期，如：

> 筮于庙门。主人玄冠，朝服，缁带，素韠，即位于门东，西面。有司如主人服，即位于西方，东面，北上。筮与席、所卦者，具馔于西塾。布席于门中，闑西阈外，西面。筮人执策，抽上韇，兼执之，进受命于主人。宰自右少退，赞命。筮人许诺，右还，即席坐，西面。卦者在左。卒筮，书卦，执以示主人。主人受眡，反之。筮人还，东面，旅占，卒，进，告吉。若不吉，则筮远日，如初仪。彻筮席。宗人告事毕。（《仪礼·士冠礼》）

> 外事以刚日，内事以柔日。凡卜筮日，旬之外曰远某日，旬之内曰近某日。丧事先远日，吉事先近日。曰：为日，假尔

---

① （清）刘宝楠《论语正义》，中华书局 1990 年版，第 71 页。
② 景红艳《西周赏赐制度研究》，陕西师范大学博士论文 2006 年。

泰龟有常，假尔泰筮有常。卜筮不过三，卜筮不相袭。龟为卜，筮为筮者，先圣王之所以使民信时日，敬鬼神，畏法令也；所以使民决嫌疑，定犹与也。故曰，疑而筮之，则弗非也；日而行事，则必践之。（《礼记·曲礼》）

《士冠礼》记载诹日仪式较为详细，其他《士丧礼》、《士婚礼》、《士虞礼》、《特牲馈食礼》、《少牢馈食礼》以及《礼记·月令》、《礼记·玉藻》等文献都有诹日行为的记录。《曲礼》关于诹日之事为"外事"、"内事"，并说明诹日的意义。

诹日是选择举行册命的日期，具体的时间比较固定，一般为选定日期的早晨，即"旦"，《说文》："旦，明也。从日见一上。一，地也。"如：

> 隹廿年正月既望甲戌，王才周康宫，旦，王各（格）大室，即立（位）。益公右走马休，入门，立中廷，北卿（向）。王乎（呼）乍册尹册易休玄衣……（休盘）①
> 隹王廿又七年正月既望丁亥，王才周康宫。旦，王各（格）穆大室，即立（位）。……立中廷，北卿（向）。王乎（呼）命尹封册命伊䵼官翮康宫臣妾，百工。易女（汝）赤市幽黄、繺旂、攸勒，用事。"……（伊簋）②
> 隹三年三月初吉甲戌，王才周师录宫。旦，王各（格）大室。…（师晨鼎）③

上述三则铭文中先记载册命的日期，为某年某月某日，再说明册命

---

① 马承源《商周青铜器铭文选》（三），文物出版社 1988 年版，第 151 页。
② 同上，第 152 页。
③ 同上，第 203 页。

的具体时间。并不是所有周代册命铭文都记载具体时间，多数仅标注到日。如：

> 佳九月既望甲戌，王各（格）于周庙，炎（贿）于图室，嗣徒南中（仲）右无重内（入）门，立中廷……（无重鼎）①
>
> 佳卅又七年正月初吉庚戌，王才周，各（格）图室，南宫乎入右善（膳）夫山入门，立中廷，北卿（向）……（山鼎）②
>
> 唯王二月既眚（生）霸，辰才戊寅。王各（格）于师戏大室。井白（伯）入右豆闭。王乎（呼）内史册命豆闭。（豆闭簋）③

册命铭文中很少记录举行仪式时间的原因，陈汉平认为这种现象是"因周代举行册命之时辰比较固定，故金文中此项记录多省略之，记有册命时辰之铭文仅为少数。"④

2. 册命的地点

铭文中记载周代册命的地点一般是在宗周或成周大庙大室举行，也有少数在诸侯、臣子之宗庙进行。《礼记·祭统》："古者明君必赐爵禄于太庙，示不敢专也。"《礼记·祭义》："禄爵庆赏，成诸宗庙，所以示顺也。"宗庙举行册命仪式既是表明礼仪的庄重严肃，也是出于对祖先的敬顺之意，尊重先祖。册命时周王一般先到达大庙，第二天清晨再到具体册命地点大室。如上文所引《休盘》、《伊簋》铭文，周恭王先到达康宫，再至于大室，即位之后举行仪式。

---

① 马承源《商周青铜器铭文选》（三），文物出版社 1988 年版，第 313 页。
② 同上，第 314 页。
③ 同上，第 160 页。
④ 陈汉平《西周册命制度研究》，学林出版社 1986 年版，第 94 页。

3. 册命的仪式

西周完整的册命仪式一般包括五个仪节：

一是即位。周王到达大室之后，端坐于座位。如"王各（格）大室，即立（位）。"（休盘）、"王各（格）穆大室，即立（位）。"（伊簋）

二是傧者引导受命者入门。在周王即位后紧接着进行，受命者在傧者引导下至于大室中廷站立。如"宰引右颂入门立中廷。"（颂壶）①"宰倗父右望入门立中廷。"（望簋）② 站立的方向，多数铭文未记载，部分铭文有详细记录，如上引《休盘》、《山鼎》铭文明言为"北向"。至于多数铭文未记录受命者站立方向，应与不记录册命时辰道理相同，属于固定位置。

三是宣命或受书宣命。宣命即由史官宣读册命文书，有两种情况，一是周王直接命令大臣宣读命书，这种较为常见。如《趞鼎》：

> 唯三月，王才宗周。戊寅，王各（格）于大朝（庙）。密弔（叔）右趞即立（位）。内史即命。王若曰："趞，命女（汝）乍……家嗣（司）马，啻（适）官仆、射、士、譴（讯），……易女（汝）赤市幽亢、纞旂，用事。"③

马承源注："内史即命，周王策命一般都有史官代王宣读命书。此内史即命，是内史就王召宣读册命之辞。"④ 文中"王若曰"至"用事"为命书内容。一是先由撰写命书史官将册命文书交给周王，再由周王交给负责宣读册命的史官宣读命书，即先受书再宣命。如：

---

① 马承源《商周青铜器铭文选》（三），文物出版社1988年版，第304页。
② 同上，第145页
③ 同上，第112页。
④ 同上，第112页。

佳十又二月初吉，王才周，杳鷽（昧爽），王各（格）于大庙。井弔（叔）有（右）免即令。王受（授）乍册尹者（书），卑（俾）册令免，曰："令女（汝）疋（胥）周师嗣酰（林），易女（汝）赤⊗（雍）市，用事。"（免簋）①

佳三年五月既死霸甲戌，王在周康邵（昭）宫。旦，王各（格）大室，即立（位）。宰引右颂入门，立中廷。尹氏受（授）王令书。王乎史虢生册令颂。王曰："颂，令女（汝）官嗣成周賔（贮）廿家，监嗣新宼（造）賔（贮）用宫御，易女（汝）玄衣黹屯（纯）、赤市朱黄、嗣鑾旂、攸勒，用事。"（颂鼎）②

佳十又九年四月既望辛卯，王才周康邵（昭）宫，各（格）于大室，即立（位），宰訊（讯）右趩入门，立中廷，北鄉（向）。史留受王令书，王乎（呼）内史圝册易趩玄衣屯（纯）黹、赤市朱黄、鑾旂、攸勒，用事。（趩鼎）③

佳廿又八年五月既望庚寅，王才周康穆宫旦，王各大室，即立（位）。宰顁右裏入门，立中廷，北卿（向）。史⦻受（授）王令书，王乎（呼）史减册易裏玄衣黹屯（纯）、赤市朱黄……。（裏盘）④

《趩鼎》、《裏盘》铭文中并未记录史官所宣读的命书内容，直接省略，把记事重点放在了赏赐物品上，这也是册命文中常见现象。据《金文引得》检索得知，在该书收录的铭文中，仅有此四篇在册命仪式中记载了受书仪式，其他铭文都没有。绝大多数册命铭文都未

---

①　马承源《商周青铜器铭文选》（三），文物出版社 1988 年版，第 180 页。
②　同上，第 302—303 页。
③　同上，第 294 页。
④　同上，第 295 页。

记载受书仪式，有两种可能，一是仅仅是记录上的省略，原因可能是这种仪式是册命过程中一个很小的细节，不是很重要，不需要特别强调；一是有时制作命书的史官和宣读者同为一人，周王令其直接宣读，因此就不存在记录受书仪节的问题。

四是受命者拜谢。在宣读完命书之后，受命者须对拜谢王命，铭文中常用"拜手頴首"、"对扬王休"等词语表示。如"休拜頴首，敢对扬天子不显休令。"（休盘）① "虎敢拜頴首，对扬天子不丕鲁休。"（师虎簋）② "楚敢拜手頴首，竈（对）扬天子不显休。"③（楚簋）"頴首"同"稽首"，是古代的一种跪拜礼，行礼时，要叩头至地。贾公彦认为，"稽首，其稽，稽留之字，头至地多时，则为稽首也。"在周代，稽首为最敬之礼，《周礼·春官·大祝》："辨九拜，一曰稽首，二曰顿首，三曰空首，四曰振动，五曰吉拜，六曰凶拜，七曰奇拜，八曰襃拜，九曰肃拜，以享右、祭祀。"贾公彦疏："稽首，拜中最重，臣拜君之拜。"④ 作为九拜中最重要的礼仪，稽首礼一般用于朝见国君，或是君王慰劳臣子时，臣子用于答谢之礼。"对扬王休"或为"对扬天子休"、"对扬天子丕显休"、"对扬天子鲁休"等。

"对扬"之意，颇多争议，在《诗经·江汉》："虎拜稽首，对扬王休，作召公考。"郑玄笺云："虎既拜而答王策命之时，称扬王之德美，君臣之言，宜相成也。"⑤ 郑氏解释有些模糊，把扬解释为"称扬"，又言"君臣之言，宜相成"，则称扬又可以理解为对答之言。沈文倬先生从礼仪角度解释，认为"对是一种贵族礼仪中的语言形式，即一句或两句简练的短句子；其辞，不同的礼仪各不相

① 马承源《商周青铜器铭文选》（三），文物出版社 1988 年版，第 151 页。
② 同上，第 168 页。
③ 同上，第 162 页。
④ 《周礼注疏》，中华书局 2009 年版，第 1757 页。
⑤ 《毛诗正义》第 1237 页。

同，但均有规定。"扬是一种贵族礼仪中的动作形象，即趋行身躯小仰，手中举物；其物，饮酒礼是觯，其他礼中各随其礼之所应用。"在铭文中的对扬为"受命之臣拜后起立，仰身趋进，手里举起王所锡之玉，口唤'敢（即不敢）'、'王休'等短句子。"① 把"对扬王休"看作紧接着"拜手稽首"的一个动作，比较恰当。

　　五是返入菫璋或返入菫圭。受命者答谢王命之后，离开册命地点太庙，再次返回以璋或圭觐见周王。此礼铭文中记载较少，仅有几则，如：

　　　　颂拜頵首，受令，册佩吕出，（返）入（纳）菫（瑾）章（璋）。（颂鼎）②

　　　　山拜頵首，受册佩吕（以）出，反（返）入（纳）菫（觐）章（璋）。（山鼎）③

　　　　逨拜稽首，受册佩以出，反入菫圭。（四十三年逨鼎辛）④

关于"返入菫璋"与"返入菫圭"之间的区别，张光裕先生认为："圭是最贵重的符信，故多为对地位尊贵者或地位尊贵者本身所执用。使用璋之身份较低，或对身份较低者所用……因此觐见天子时或因受册命而觐见，其'执圭'与'执璋'的不同，无非也是表示身份之高下，以及礼的差异而已。"⑤ 上面三则铭文中，"颂"和"山"身份较低，因此入觐周王用璋，而"逨"身份较高，故用圭。

---

① 沈文倬《对扬补释》，《考古》，1963 年第 4 期。
② 马承源《商周青铜器铭文选》（三），文物出版社 1988 年版，第 303 页。
③ 同上，第 314 页。
④ 陕西考古研究所等《陕西眉县杨家村西周青铜器窖藏》，《考古与文物》，2003 年第 3 期。
⑤ 张光裕《金文中的册命之典》，《香港中文大学中国文化研究所学报》第十卷下册，1979 年版。

二　周代册命铭文的体制

周代册命礼仪与册命文体关系紧密，册命礼仪完备的过程也就是册命文体成熟的过程，二者同步发生。周代册命铭文客观真实地记录了当时的册命礼仪，总体来说，有的铭文记录册命过程较为详细，部分铭文仅重视事件记录，省略了部分仪节。与此相对应，册命文体分为简略和完整两类。册命文结构完整的如：

> 隹三年五月既死霸甲戌，王才周康卲（昭）宫。旦，王各（格）大室，即立（位）。宰引右颂入门，立中廷。尹氏受（授）王令书。王乎史虢生册令颂。王曰："颂，令女（汝）官嗣成周寅（贮）廿家，监嗣新寤（造）寅（贮）用宫御，易女（汝）玄衣黹屯（纯）、赤市朱黄、嗣爱旂、攸勒，用事。"颂拜頶首，受令，册佩目出，（返）入（纳）堇（瑾）章（璋）。颂敢对扬天子不显鲁休，用乍朕皇考龏弔（叔）皇母龏始（姒）宝尊鼎，用追孝，蘑（祈）匄康龢屯（纯）右（佑）、通录（禄）、永令。颂其万年眉寿，畍臣天子，霝冬（终）。子子孙孙宝用。（颂鼎）①
>
> 隹元年六月既望甲戌，王才杜立（居），各（格）于大室。井白（伯）内（入）右师虎，即立中廷，北卿（向）。王乎（呼）内史吴曰："册令虎。"王若曰："虎，截（载）先王既令乃取（祖）考事，备（适）官嗣左右戏繇（繁）荆。今余隹帅井（型）先王令，令女（汝）更（赓）乃取（祖）考，备（适）官嗣左右戏繇（繁）荆，苟（敬）夙夜勿灋（废）朕令。

---

① 马承源《商周青铜器铭文选》（三），文物出版社 1988 年版，第 302—303 页。

易女（汝）赤舄，用事。"虎敢拜頮首，对扬天子不杯鲁休，用乍朕剌（烈）考日庚尊簋。子子孙孙其永宝用。（师虎簋）①

佳王十又三年六月初吉戊戌，王才周康宫新宫，旦，王各（格）大室，即立（位）。宰佣父右望入门立中廷，北卿（向）。王乎（呼）史年册令望："死嗣毕王家。易女（汝）赤 🐚（雍）市、繺，用事。"望拜頮首，对扬天子不显休，用乍朕皇且白 ⛨ 父宝簋，其迈（万）年子子孙孙永宝用。（望簋）②

上面一鼎二簋共三篇册命铭文，比较完整，可以作为西周成熟册命铭文的代表。在体制上比较完整的西周册命铭文一般包括册命的时间、地点、人物、命辞、拜谢及作器铭识等六个部分。如上文"师虎簋"铭文，"佳元年六月既望甲戌"是此次册命的时间，"王才杜筊（居），各（格）于大室"是册命的地点，"井白（伯）内（人）右师虎，即立中廷，北卿（向）"为参加仪式的人员，师虎为受命者，邢伯为傧者，负责佑护受命者师虎参加仪式，起到引导作用；"王乎（呼）内史吴曰"为册命仪式中一个细节，标志册命授职仪式正式开始；"王若曰"的内容为史官代王宣读命书的文本，包括册封具体职务和赏赐物品；"虎敢拜頮首，对扬天子不杯鲁休"是受命者拜谢册命赏赐；"用乍朕剌（烈）考日庚尊簋。子子孙孙其永宝用"为作器铭识，说明作器的原因。完整册命铭文结构大多如此，已经成为固定模式。

在册命铭文中，结构完整内容详细的所占比例较小，大多数较为简略。如：

佳正月初吉丁亥，王各（格）于康宫。中（仲）佣父内

---

① 马承源《商周青铜器铭文选》（三），文物出版社 1988 年版，第 168 页。
② 同上，第 145 页。

（入）又（佑）楚立中廷，内史尹氏册命楚赤🐚（雍）市、縊
旂，取遄五孚（钧），嗣斧（莽）嵒（鄙）官内师舟。楚敢拜
手顗首，霎（对）扬天子不显休。用乍尊簋。其子子孙孙万年
永宝用。（楚簋）①

楚簋铭文记载周王对楚的册命过程，时间是正月初吉丁亥日，地点
为康宫，受册命人为楚，仲偁父为楚的傧者；过程是：楚站在庭的
中部，内史尹氏向楚宣读周王册命，并赏赐雍市、鎏旂，确定其俸
禄，任命其官职。楚行稽首礼，并称颂感谢天子恩德。因此铸造此
器，愿自己子孙后代永远珍用。该铭基本完整，但省略内史尹氏宣
读册命书的过程，仅用"内史尹氏册命楚"一笔带过；册命书没有
全文照录，仅选取册命书中的部分赏赐物品和所授官职。虽然楚簋
铭文简略，但是基本能够了解册命过程的全貌。有的铭文更为简
略，如：

佳三月既生霸乙卯，王才周，令免乍嗣土（徒），嗣奠還
（园）散（林）眔吴（虞）眔牧。易戠衣、縊。对扬王休，用
乍旅鼎彝。免其万年永宝用。（免簋）②

佳六月既生霸戊戌，旦，王各（格）于大室，师毛父即立
（位）。井白（伯）右（佑），大史册命，易赤市。对扬王休，
用乍宝簋，其万年子子孙其永宝用。（师毛父簋）③

上面二则铭文中都很简略，免簋铭文记录了册命时间，参加册命人
员仅提到周王，其他傧者、宣读册命人没有记录，册命书的内容仅

---

① 马承源《商周青铜器铭文选》（三），文物出版社 1988 年版，第 162 页。
② 同上，第 180 页。
③ 同上，第 161 页。

选取了受命官职和部分赏赐物品；师毛父簋铭文省略了命书原文，仅用一件赏赐物品"赤市"作为代表，最突出的是省略了册命职务，这是册命文中较为少见的现象。有的册命铭文省略册命日期和地点，详细记录册命书内容，如：

> 丕显皇且考穆穆克誓（哲）氒德，严才上，广启氒孙子于下，勋于大服。番生不敢弗帅井（型）皇且考不杯元德，……王令眡嗣（司）公族、卿事大史寮，取遗廿乎，易朱市……玉环……。番生敢对天子休，用乍簋永宝。（番生簋盖）①
>
> 王若曰："师克，不显文武，雝（膺）受大令，匍有四方……干害（扞闲）王身，乍爪牙。"王曰："克，余佳坙乃先且考克龢（勉）臣先王，昔余即（既）令女（汝）……易女（汝）……金甬、朱旂、马四匹、攸勒、索戈。敬夙夕勿灋（废）朕令。克敢对扬天子不显鲁休，用乍旅盨。克其万年子子孙孙永宝用。"（师克盨）②

"番生簋盖"铭文比较特殊，前半段颂扬先祖高尚品德，能够佑护后世子孙，为子孙楷模并为后人效仿，后半段记载周王册命的职务和赏赐物品，主要是选取册命书中关键的内容记载，整体形式上是颂扬祖先和册命内容的结合。"师克盨"铭文突出册命书，对册命日期时辰、参加册命人员等很多内容都未记录，用大量篇幅详细记录命书内容，可以看出作器者对册命书的重视。这两则铭文都未记载册命日期，综观周代册命铭文，不记载日期的铭文所占比例较小，多数铭文都详细记载日期。

在上述四则简式册命铭文中，册命的日期、时辰、宣读命书

---

① 马承源《商周青铜器铭文选》，第 225 页。
② 同上，第 223 页。

者、命书的内容以及赏赐的部分物品都可以省略，方式较多，可以省略其中一项，也可以同时减少几项，未形成固定规则。时辰和宣读命书者在多数册命铭文中都不出现，命书内容的简化一般仅记载册封的官职和赏赐物品，或者直接记录赏赐的部分有代表性的物品。

传世文献中有关周代册命文的记载主要集中在《尚书》、《诗经》、《左传》、《国语》等典籍。《尚书》中涉及册命的有五篇，分别是《顾命》、《召诰》、《金縢》、《洛诰》、《文侯之命》，其中《顾命》和《文侯之命》所载册命文较为详细，其他篇章仅略有涉及册命，文辞极其简略。如《顾命》：

> 王麻冕黼裳，由宾阶隮。卿士邦君麻冕蚁裳，入即位。太保、太史、太宗皆麻冕彤裳。太保承介圭，上宗奉同瑁，由阼阶隮。太史秉书，由宾阶隮，御王册命。曰："皇后凭玉几，道扬末命，命汝嗣训，临君周邦，率循大卞，燮和天下，用答扬文、武之光训。"王再拜，兴，答曰："眇眇予末小子，其能而乱四方以敬忌天威。"乃受同瑁，王三宿，三祭，三咤。上宗曰："飨！"太保受同，降，盥，以异同秉璋以酢。授宗人同，拜。王答拜。太保受同，祭，哜，宅，授宗人同，拜。王答拜。太保降，收。诸侯出庙门俟。①

《顾命》乃成王临终之命。孔颖达正义云："成王病困将崩，召集群臣以言，命太保召公、太师毕公，使率领天下诸侯辅相康王。史叙其事，作《顾命》。"②上文所引乃遵照成王遗命册封康王之事，也是文献中比较完整记录周代册命文的篇章。成王已经去世，但灵枢

---

① 《尚书正义》，北京大学出版社 1999 年版，第 510 页。
② 同上，第 494 页。

在堂，故由"太保、太史、太宗"代成王主持册命仪式。从记载册命内容看，该文与册命铭文结构基本相同，但所记内容十分详细，如服装方面康王著"麻冕黼裳"、太保等穿"麻冕彤裳"，太保等主要人员所持礼器及登堂所经宾阶、阼阶等一一说明，较册命铭文详尽。命辞为太史代成王宣读，命书之意，正义云："此即丁卯命作之册书也。诰康王曰：'大君成王病困之时，凭玉几所道，称扬将终之教命。命汝继嗣其道，代为民主。用是道以临君周邦，率群臣循大法，用和道和天下，用对扬圣祖文武之大教。'叙成王之意，言成王命汝如此也。"① 由于该项册命为天子即位，比较特殊，故康王所受之物为象征意义较为浓厚的"同"和"瑁"，所以文中未像通常册命文出现众多赏赐之物。康王的答拜之辞意为"微微我浅末小子，其能如父祖治四方，以敬忌天威德乎？"② 答拜之辞虽然简单，却是册命铭文中所无。又如《文侯之命》：

> 平王锡晋文侯秬鬯、圭瓒，作《文侯之命》。王若曰："父义和！丕显文、武，克慎明德，昭升于上，敷闻在下；惟时上帝，集厥命于文王。亦惟先正克左右昭事厥辟，越小大谋猷罔不率从，肆先祖怀在位。呜呼！闵予小子嗣，造天丕愆。殄资泽于下民，侵戎我国家纯。即我御事，罔或耆寿俊在厥服，予则罔克。曰惟祖惟父，其伊恤朕躬！呜呼！有绩予一人永绥在位。父义和！汝克绍乃显祖，汝肇刑文、武，用会绍乃辟，追孝于前文人。汝多修，扦我于艰，若汝，予嘉。"王曰："父义和！其归视尔师，宁尔邦。用赉尔秬鬯一卣，彤弓一，彤矢百，卢弓一，卢矢百，马四匹。父往哉！柔远能迩，惠康小

---

① 《尚书正义》，第512页。
② 同上。

民，无荒宁。简恤尔都，用成尔显德。"①

与"番生簋盖"和"师克盨"铭文非常相近，该文记载周平王册封晋文侯之时，对于册命日期时辰、参加人员、具体仪式，甚至晋文侯的答拜都未加记载，而仅记命书内容。命书结构上也与铭文相同或相近，如把周王之言用"王若曰"表示，"父义和"是在命书首句先称受命者之名，命书在册封之前颂扬先祖德行，希望受命者继承先祖优秀品质等，都是铭文中常见的表现方法。

《左传》中有几则关于册命的记载，其中周襄王册命晋侯之事较为详细：

> 五月丙午，晋侯及郑伯盟于衡雍。丁未，献楚俘于王，驷介百乘，徒兵千。郑伯傅王，用平礼也。己酉，王享醴，命晋侯宥。王命尹氏及王子虎、内史叔兴父策命晋侯为侯伯，赐之大辂之服，戎辂之服，彤弓一，彤矢百，玈弓矢千，秬鬯一卣，虎贲三百人。曰："王谓叔父，敬服王命，以绥四国。纠逖王慝。"晋侯三辞，从命。曰："重耳敢再拜稽首，奉扬天子之丕显休命。"受策以出，出入三觐。②（《左传·僖公二十八年》）

文中记载册命的时间为鲁僖公二十八年五月乙酉，周襄王命尹氏、内史叔兴等人册命晋侯为侯伯，为诸侯之长。从内容上看，该文结构较为完整，册命时间、参加人员、赏赐物品和册封之职、命书内容以及答拜礼仪等基本册命文的要素都已经完备，特别是晋侯答谢

---

① 《尚书正义》，第 539—541 页。
② 杨伯峻《春秋左传注》，中华书局 1990 年版，第 462—466 页。

之辞"重耳敢再拜稽首，奉扬天子之丕显休命"，为铭文中罕见。
对理解铭文中答拜时常用的"拜手稽首"、"对扬王休"等固定用语
的含义和用法有很大的帮助。《国语·周语上》对此事也有记载：

> 襄王使太宰文公及内史兴赐晋文公命，上卿逆于境，晋侯
> 郊劳，馆诸宗庙，馈九牢，设庭燎。及期，命于武宫，设桑
> 主，布几筵，太宰莅之，晋侯端委以入。太宰以王命命冕服，
> 内史赞之，三命而后即冕服。既毕，宾、飨、赠、饯如公命侯
> 伯之礼，而加之以宴好。①

《国语》与《左传》所录为同一件事，但关注点不同，《国语》更注
重册命礼仪的强调，如"上卿逆于境，晋侯郊劳，馆诸宗庙，馈九
牢，设庭燎"，以及"设桑主，布几筵，太宰莅之，晋侯端委以入"
等册命准备过程的详细记录，对命书内容并未涉及。

《左传·襄公十四年》记载了周王册命齐侯之事：

> 王使刘定公赐齐侯命，曰："昔伯舅大公，右我先王，股
> 肱周室，师保万民，世胙大师，以表东海。王室之不坏，繄伯
> 舅是赖。今余命女环！兹率舅氏之典，纂乃祖考，无忝乃旧。
> 敬之哉，无废朕命！"②

命书内容先叙说齐国股肱周室的历史功绩，对周王室的重要作用，
再命齐侯要继承先祖之德，继续辅佐周王，敬待王命。这种命书的
结构在册命铭文中十分常见，如"毛公鼎"、"牧簋"、"师克盨"、
"蔡簋"等器的铭文中都有此类内容。

---

① 《国语集解》，第 36 页。
② 《春秋左传注》，第 1018—1019 页。

在周王册命诸侯卿士之外，《左传》中也记载了诸侯册命之文，如《左传·昭公三年》载：

> 夏四月，郑伯如晋，公孙段相，甚敬而卑，礼无违者。晋侯嘉焉，授之以策，曰："子丰有劳于晋国，余闻而弗忘。赐女州田，以胙乃旧勋。"伯石再拜稽首，受策以出。①

郑伯与晋侯相会，公孙段作为郑国大夫担任相礼之职，由于行事恭敬谦逊，合于礼法，受到晋侯嘉赏，赐之州田。文中引用晋侯册命时说的一段话，晋侯告诉公孙段，此次嘉赏，乃念及公孙段之父子丰有功于晋。这段话是否为册书内容，很难确定。在形式上不够完整，过于简略，如果是册书内容，也可能只是其中一段。很可能是在册命时晋侯的训诰之辞。

《诗经》中《崧高》、《烝民》、《韩奕》、《江汉》、《常武》、《閟宫》、《瞻彼洛矣》、《采菽》等诗篇涉及周代册命，册命文体意义较大的主要是《韩奕》、《江汉》两篇，如《韩奕》：

> 奕奕梁山，维禹甸之，有倬其道。韩侯受命，王亲命之：缵戎祖考，无废朕命。夙夜匪解，虔共尔位，朕命不易。榦不庭方，以佐戎辟。
> 四牡奕奕，孔修且张。韩侯入觐，以其介圭，入觐于王。王锡韩侯，淑旂绥章，簟茀错衡，玄衮赤舄，钩膺镂钖，鞹鞃浅幭，鞗革金厄。②

本文仅选取与册命有关的前两章，关于本诗，《毛序》认为是"尹

---

① 杨伯峻《春秋左传注》，中华书局 1990 年版，第 1239 页。
② 程俊英、蒋见元《诗经注析》，中华书局 1991 年版，第 902—904 页。

吉甫美宣王也。能锡命诸侯"。陈奂《传疏》："韩，韩侯。奕，犹奕奕也。宣王命韩侯为侯伯，奕奕然大，故诗以《韩奕》命篇。"①诗前两章叙述韩侯入觐，受到周宣王册命及赏赐。首章言韩侯受命，乃周王亲自为之。"缵戎祖考"至"以佐戎辟"乃周王册命内容：希望韩侯继承先祖之功业，不辱王命，恭敬谨慎，勤勉从事，辅佐天子。次章言韩侯觐见周王，受到周王赏赐。若把诗的前两段的后半部分结合起来，重新组合，即：

> 韩侯入觐，以其介圭，入觐于王。韩侯受命，王亲命之：缵戎祖考，无废朕命。夙夜匪解，虔共尔位，朕命不易。榦不庭方，以佐戎辟。王锡韩侯，淑旂绥章，簟茀错衡，玄衮赤舄，钩膺镂锡，鞹鞃浅幭，鞗革金厄。

与册命铭文对照，我们可以发现，这是一篇结构基本完整的册命文，命书内容既有周王对韩侯祖先的怀念以及对韩侯的命令与期待，也有对其受封北方侯伯的相应车服鸾旂之赐。

又如《诗经·江汉》：

> 江汉浮浮，武夫滔滔。匪安匪游，淮夷来求。既出我车，既设我旟。匪安匪舒，淮夷来铺。
>
> 江汉汤汤，武夫洸洸。经营四方，告成于王。四方既平，王国庶定。时靡有争，王心载宁。
>
> 江汉之浒，王命召虎：式辟四方，彻我疆土。匪疚匪棘，王国来极。于疆于理，至于南海。
>
> 王命召虎：来旬来宣。文武受命，召公维翰。无曰予小

---

① 程俊英、蒋见元《诗经注析》，中华书局1991年版，第902页。

子，召公是似。肇敏戎公，用锡尔祉。

厘尔圭瓒，秬鬯一卣。告于文人，锡山土田。于周受命，自召祖命，虎拜稽首：天子万年！

虎拜稽首，对扬王休。作召公考：天子万寿！明明天子，令闻不已，矢其文德，洽此四国。[1]

本诗记叙召伯虎平淮夷归来、周王册命赏赐之事。诗前两章叙述讨伐淮夷，出师告捷，天下安定，令周王心安。后四章写周王册命召伯虎的过程，第三章表明周王开疆辟土、安定天下的雄才大略，第四章通过表彰召康公的功绩来赞扬召伯虎，望其承继先祖，效命王室，再建功勋。第五、六章周王赏赐，召伯虎答谢。四章诗组合到一起就是完整的册命文，此诗与册命文关系极为密切，就像册命文的诗化，因此郭沫若认为"此铭所记与《大雅·江汉》篇乃同时事，乃召虎平定淮夷，归告成功而作。诗之告成与王，即此之告庆，诗之锡山土田，于周受命，即此之舍以邑讯命司，舍典勿敢对；诗之作召公考，天子万寿，即此之对扬朕宗君其休，用作烈祖召公尝簋。考，即簋之借字，古本同音字也。"[2]又说"是则《江汉》之诗实亦簋铭之一也"[3]。郭氏观点有一定道理，但争议较多。比较合适的判断应该说《江汉》源于册命，因为簋铭主要是对周王册命的记录，《江汉》也是以周王册命召伯虎为背景颂扬周王。

综合上述对传世文献保留的少数几篇册命文分析，我们可以得知，周代册命文的内容和结构基本固定，主要是受命者对册命过程的客观记录，在长期频繁的册命实践过程中运用，册命文的用语也

---

① 《诗经注析》，第910—915页。
② 郭沫若《召伯虎簋铭》，《两周金文辞大系考释》，科学出版社1957年版，第135页。
③ 同上，第317页。

已经固定下来，并逐渐成为册命的专门用语，形成鲜明的文体特征。

周代重视册书与册命铭文的修饰润色。册书在册命仪式和册命文中都属于核心位置，因此册书的制作就显得非常重要，内史在这方面发挥了重要作用。《周礼·内史》：

> 内史掌王之八枋之法，以诏王治。一曰爵，二曰禄，三曰废，四曰置，五曰杀，六曰生，七曰予，八曰夺。执国法及国令之贰，以考政事，以逆会计。掌叙事之法，受纳访，以诏王听治。凡命诸侯及孤、卿、大夫，则策命之。凡四方之事书，内史读之。王制禄，则赞为之。以方出之，赏赐，亦如之。内史掌书王命，遂贰之。

内史负责协助周王处理爵禄废置和生杀予夺等事务。其中包括册命诸侯、卿大夫。"策"，郑注："谓以简策书王命。"[1] 内史主要职责是把周王之命书写在简策之上。因此在周王册命诸侯、卿大夫等人时，内史负责宣读策书并代王赐予受命者。除此之外，内史还协助周王宣读诸侯上书，为周王赐予臣下爵禄和赏赐物品撰写文辞。书写王命是内史的基本职责，册书的撰写是其工作的重要组成。册书内容要以周王的意见为依据，但词语的修饰润色方面内容应该有一定的自主空间，因此选择内史时善于文辞也是一个重要标准，如《左传·襄公三十一年》："子产之从政也，择能而使之。冯简子能断大事，子大叔美秀而文，公孙挥知四国之为，而辨于大夫之族姓、班位、贵贱、能否，而又善为辞令。裨谌能谋，谋于野则获，谋于邑则否。郑国将有诸侯之事，子产乃问四国之为于子羽，且使

---

① 《周礼注疏》，北京大学出版社 1999 年版，第 710 页。

多为辞令，与裨谌乘以野，使谋可否，而告冯简子使断之。事成，乃授子大叔使行之，以应对宾客，是以鲜有败事。"① 对于重要的外交公文，要由多人共同完成，《论语·宪问》："子曰：为命，裨谌草创之，世叔讨论之，行人子羽修饰之，东里子产润色之。"② "命"泛指辞命，这里指外交公文。郑国非常重视外交，对于外交文书，要经过四人之手完成，"裨谌"、"世叔"草创讨论的应该是文书的主要内容，而"子羽"和"子产"所做的是修饰润色词句的工作。可见，词句的润色在当时已经受到执政者的重视。

册书作为周王任命诸侯、卿大夫的重要文书，无疑也要对内容和词句非常重视，内史对其进行词语斟酌也是必须工作。册命铭文中一般直接或间接引用册书，因此册书在其文体结构中至关重要，是不可或缺的重要构成。册命铭文的撰写也应该由受命者家臣中擅长文辞的人员撰写，写作时要有固定的格式为蓝本，这种格式也就是册命铭文的通常格式，除了结构上基本固定以外，在用词上，也已经形成专门用语，如日期时间、书写格式、册命人员的位置、册书内容的选择等，特别是记录受命者的答拜之辞和作器铭识两部分，这些固定格式的完成也要经过修饰的过程。

铭文对册命仪式重视的实质是礼的象征的显现。在册命铭文中，册命仪式通常成为铭文的主要内容，处于和册书同等重要的地位，所占篇幅也较大。在结构完整的铭文中，叙说周王由所居之地到达册命之所、即位，傧者引导受命者进入大室、站立及方位、宣读册书、受命者拜稽首、对扬王休等仪式几乎成为必备文体结构，册命铭文的作者撰写铭文时，把册命的仪式放在重要位置实际是时人重视仪式思想观念在铭文中的反映。周代人们非常重视各种礼仪，对每个仪节加以规定，如关于册命礼仪的规定，《仪礼·觐

① 杨伯峻《春秋左传注》，中华书局1990年版，第1191页。
② （清）刘宝楠《论语正义》，中华书局1990年版，第560页。

礼》载：

> 天子设斧依于户牖之间，左右几。天子衮冕，负斧依。啬
> 夫承命，告于天子。天子曰："非他，伯父实来，予一人嘉之。
> 伯父其入，予一人将受之。"侯氏入门右，坐奠圭，再拜稽首。
> 摈者谒。侯氏坐取圭，升致命。王受之玉。侯氏降，阶东北面
> 再拜稽首。摈者延之，曰："升！"升成拜，乃出。四享皆束帛
> 加璧，庭实唯国所有。奉束帛，匹马卓上，九马随之，中庭西
> 上，奠币，再拜稽首。摈者曰："予一人将受之。"侯氏升，致
> 命。王抚玉。侯氏降自西阶，东面授宰币，西阶前再拜稽首，
> 以马出，授人，九马随之。事毕。乃右肉袒于庙门之东。乃入
> 门右，北面立，告听事。摈者谒诸天子。天子辞于侯氏，曰：
> "伯父无事，归宁乃邦！"侯氏再拜稽首，出，自屏南适门西，
> 遂入门左，北面立，王劳之。再拜稽首。摈者延之，曰：
> "升！"升成拜，降出。天子赐侯氏以车服。迎于外门外，再
> 拜。路先设，西上，路下四，亚之，重赐无数，在车南。诸公
> 奉箧服，加命书于其上，升自西阶，东面，大史是右。侯氏
> 升，西面立。大史述命。侯氏降两阶之间；北面再拜稽首，升
> 成拜。大史加书于服上，侯氏受。使者出。侯氏送，再拜，傧
> 使者，诸公赐服者，束帛、四马，傧大史亦如之。①

觐礼是诸侯拜见天子时所用之礼，从文中可以看出整个觐见过程仪
节之详尽，规定之细密，几乎已经具体到每一个动作细节。人们对
仪节的重视源于周代礼乐文化的背景，仪式的背后是人们对礼的尊
崇。西周是礼制度化、典礼化时期，礼在此时定型并垂范后世，历

---

① 《仪礼注疏》，第 2356—2366 页。

代的礼仪制度皆以周礼为依归。礼刚刚产生时是简单的，随着社会发展和政治需要，礼越来越繁复，特别是经过西周时期周公制礼作乐的大规模改造，最终形成"礼经三百、威仪三千"的宗周礼乐文化的盛大格局，礼的社会调解功能也达到了前所未有的程度。无论礼乐体系如何复杂，仪式多么繁密，对于遵守、承认并使用着的人们来说，它的功能是相同的，礼乐意味着秩序、尊敬、礼让、仁义等含义，对于生活于其中的人们意义重大。

册命铭文中不厌其烦地记叙每个仪节源于其背后蕴含的象征意义。礼对社会秩序的规定是通过它的象征意义实现的，礼自产生之日起就具有象征的意味。杨宽《冠礼新探》中说"'礼'的起源很早，远在原始氏族公社中，人们已经习惯于把重要行动加上特殊的礼仪。原始人常以具有象征意义的物品，连同一系列的象征动作，构成种种仪式，用来表达自己的感情和愿望。这些礼仪，不仅长期成为社会生活的传统习惯，而且常被用作维护社会秩序、巩固社会组织和加强部落之间联系的手段。进入阶级社会后，许多礼仪还被大家沿用着，其中部分礼仪往往被统治阶级所利用和改变，作为巩固统治阶级内部组织和统治人民的一种手段。我国西周以后贵族所推行的'周礼'，就是属于这样的性质。"[1] 礼本身就是一套完备的象征系统，它是秩序的象征。葛兆光先生认为"作为秩序象征的礼仪，实际上有一个很广阔很深厚的背景在支持它，作为它不言自明的依据，这一背景就是古人对宇宙的理解，《诗经》所谓'明明上天，照临下土'、'明明在下，赫赫在上'，宇宙是古代中国思想世界的意义和价值的来源。"[2] 人们以规范而有序的天为参照，在现实生活中用复杂的礼仪象征人与人之间的等级差别，用具体严格的礼仪规则所蕴含的象征意义实现人世的秩序化。册命仪式一般选择在

---

[1]　杨宽《古史新探》，中华书局 1965 年版，第 234 页。
[2]　葛兆光《中国思想史》第一卷，复旦大学出版社 2001 年版，第 51 页。

太庙举行，即是礼的象征意义的具体表现，《礼记·祭统》：

> 古者，明君爵有德而禄有功，必赐爵禄于大庙，示不敢专
> 也。故祭之日，一献，君降立阼阶之南，南乡，所命北面，史
> 由君右执策命之。再拜稽首，受书以归，而舍奠于其庙。此爵
> 赏之施也。①

国君在太庙赏赐爵禄，含有此次封赏是基于先祖功德在先祖佑护下
进行，有让先祖之神见证之意。受命者领册书返回后也要到祖庙祭
奠祖先，告慰祖先之灵。册命中的其他仪节与此相同，亦有象征
之意。

作为象征性极强的册命礼仪，必须有发自内心恭敬的态度来施
行。任何揖让周旋的礼仪，如果没有恭敬的态度和施礼者诚敬的心
理，都毫无意义，所以《礼记》开篇第一句就是"毋不敬"。礼教
的目的就是使人恭敬，《礼记》云："恭俭庄敬，《礼》教也。"② 西
周时期对贵族子弟进行礼乐教育的目的之一就是恭敬，《文王世子》
云："凡三王教世子，必以礼乐。乐，所以修内也，礼，所以修外
也。礼乐交错于中，发形于外，是故其成也怿，恭敬而温文。"③ 恭
敬是礼的核心内容和基本精神，也是判断一个人是否知礼的标准，
曾子谓："晏子可谓知礼也已，恭敬之有焉。"④ 曾子依据晏子言行
举止表现出的恭敬态度，就作出"知礼"的判断，可见恭敬对于礼
的重要性。册命礼仪中对仪节详细的规定，也蕴含着对礼的谨慎恭
敬之意。如《国语·周语》载：

---

① 《礼记正义》，中华书局 2009 年，第 3484 页。
② 同上，第 3493 页。
③ 同上，第 3046 页。
④ 同上，第 2823 页。

　　襄王使太宰文公及内史兴赐晋文公命，上卿逆于境，晋侯郊劳，馆诸宗庙，馈九牢，设庭燎。及期，命于武宫，设桑主，布几筵，太宰莅之，晋侯端委以入。太宰以王命命冕服，内史赞之，三命而后即冕服。既毕，宾、飨、赠、饯如公命侯伯之礼，而加之以宴好。内史兴归，以告王曰："晋，不可不善也。其君必霸，逆王命敬，奉礼义成。敬王命，顺之道也；成礼义，德之则也。则德以导诸侯，诸侯必归之。且礼所以观忠、信、仁、义也，忠所以分也，仁所以行也，信所以守也，义所以节也。忠分则均，仁行则报，信守则固，义节则度。分均无怨，行报无匮，守固不偷，节度不携。若民不怨而财不匮，令不偷而动不携，其何事不济！中能应外，忠也；施三服义，仁也；守节不淫，信也；行礼不疚，义也。臣入晋境，四者不失，臣故曰：'晋侯其能礼矣，王其善之！'树于有礼，艾人必丰。"①

周内史兴周王册命晋侯，回国后向周王高度赞扬晋侯，原因是晋侯行礼时恭敬有加。在内史兴看来，"敬王命，顺之道也；成礼义，德之则也"，恭敬守礼，以成德义，以此治国，晋侯必然称霸于诸侯。恭敬于礼之重要可见一斑。

　　如果在册命礼仪中表现出不敬，会受到知礼者的尖锐批评。春秋时晋惠公接受周襄王册命态度倨傲，此事《国语》、《左传》和《史记》都有记载，《左传》僖公十一年记录较为简单：

　　天王使召武公、内史过赐晋侯命，受玉惰。过归，告王曰："晋侯其无后乎！王赐之命，而惰于受瑞，先自弃也已，

————————
① 《国语集解》，第36—37页。

其何继之有？礼，国之干也；敬，礼之舆也。不敬，则礼不行；礼不行，则上下昏，何以长世？"①

内史过在评价晋侯接受赐命有不敬的行为时，对礼与敬之间的关系进行了分析，他先强调了礼对于治国的重要价值，然后用了"敬是承载礼的车"的比喻形象地说明敬是礼的基础，没有恭敬作为根基，礼就不可能实行，在国家中不施行礼，就会导致君臣上下的等级混乱。《国语·周语》记录最详，分析也最为透彻，录之如下：

> 襄王使邵公过及内史过赐晋惠公命，吕甥、郤芮相晋侯不敬，晋侯执玉卑，拜不稽首。内史过归，以告王曰："晋不亡，其君必无后。且吕、郤将不免。"王曰："何故？"对曰："夏书有之曰：'众非元后，何戴？后非众，无与守邦。'在汤誓曰：'余一人有罪，无以万夫；万夫有罪，在余一人。'在盘庚曰：'国之臧，则惟女众。国之不臧，则惟余一人，是有逸罚。'如是则长众使民，不可不慎也。民之所急在大事，先王知大事之必以众济也，是故被除其心，以和惠民。考中度衷以莅之，昭明物则以训之，制义庶孚以行之。被除其心，精也；考中度衷，忠也；昭明物则，礼也；制义庶孚，信也。然则长众使民之道，非精不和，非忠不立，非礼不顺，非信不行。今晋侯即位而背外内之赂，虐其处者，弃其信也；不敬王命，弃其礼也；施其所恶，弃其忠也，以恶实心，弃其精也。四者皆弃，则远不至而近不和矣，将何以守国？
>
> 古者，先王既有天下，又崇立上帝、明神而敬事之，于是乎有朝日、夕月以教民事君。诸侯春秋受职于王以临其民，大

---

① 《春秋左传注》，第337—338页。

夫、士日恪位著以儆其官，庶人、工、商各守其业以共其上。犹恐其有坠失也，故为车服、旗章以旌之，为贽币、瑞节以镇之，为班爵、贵贱以列之，为令闻嘉誉以声之。犹有散、迁、懈慢而著在刑辟，流在裔土，于是乎有蛮、夷之国，有斧钺、刀墨之民，而况可以淫纵其身乎？

夫晋侯非嗣也，而得其位，亹亹怵惕，保任戒惧，犹曰未也。若将广其心而远其邻，陵其民而卑其上，将何以固守？夫执玉卑，替其贽也；拜不稽首，轻其王也。替贽无镇，轻王无民。夫天事恒象，任重享大者必速及，故晋侯轻王，人亦将轻之；欲替其镇，人亦将替之。大臣享其禄，弗谏而阿之，亦必及焉。"①

内史过由于职务的原因，非常熟悉各项礼仪，是周代的知礼者，对礼的认识较为深刻。其根据晋国君臣执礼不敬的一个小细节，阐发自己对礼的价值和社会作用的品评。这段长篇大论涉及几个方面的问题：一是由晋国君臣行礼不敬，结合汤誓、盘庚之言，分析不敬对于治国及礼制的危害，得出"晋不亡，其君必无后。且吕、郤将不免"的结论，分析论证与《左传》所载相近，但更为详尽，限于篇幅，在此不再加以讨论。二是阐发对礼的缘起的看法，礼的规范社会秩序和确立等级的意义。特别说明车服、旗章、贽币、瑞节在礼仪中的重要作用，也强调对不守礼的惩罚之法。三是分析晋侯君臣的社会根基和现在应有的心态，认为他们应该持戒惧怵惕之心，不应有此不守礼的举动，故此预言其必败。内史过的论说十分精当，在批评晋国君臣的同时，也指出了爵禄等级和赏赐物品的象征意义。

---

① 《国语集解》，第31—35页。

三　先秦册命铭文的文体演变

册命铭文在周代社会发挥巨大作用，形成独特的文体特征，战国以后，铸刻铭文的行为大量减少，以铭文形式书写的册命文渐渐消失，铜器不再是册命文的主要载体，简帛成为册命文的重要媒介，载体的变化对册命文的影响较为直接，诸如日期时间、册命仪式、答谢颂扬等原来固有的文体要素已经被简化，为册命铭文中原来可有可无、可简可繁的册书所代替。册书又称策书，秦以后成为皇帝的御用文体，继续承担封官授职的功能，并受作者和时代风气的影响，呈现出不同的语言风格与审美特性。

历代文论和文集都非常重视册文，较早关注册文的是东汉的蔡邕，他在《独断》中说：

> 汉天子正号曰皇帝，自称曰朕，臣民称之曰陛下。其言曰制诏，史官记事曰上。车马衣服器械百物曰乘舆。所在曰行在，所居曰禁中，后曰省中。印曰玺。所至曰幸，所进曰御。其命令一曰策书，二曰制书，三曰诏书，四曰戒书。……秦承周末，为汉驱除，自以德兼三皇，功包五帝，故并以为号。汉高祖受命，功德宜之，因而不改也。

> 策书，策者简也。礼曰："不满百丈不书于策。"其制长二尺，短者半之，其次一长一短，两编下附篆书，起年月日，称皇帝曰，以命诸侯王三公。其诸侯王三公之薨于位者，亦以策书诔谥其行而赐之，如诸侯之策。三公以罪免，亦赐策文，体如上策而隶书，以一尺木两行。唯此为异者也。①

---

① （汉）蔡邕《独断》，上海古籍出版社1990年版，第2—3页。

从蔡邕论述中可以看出，策书是汉代皇帝下达命令时所用的正式文书之一，与制书、诏书、戒书相并列，分别承担不同的功能。策书之名源于载体为竹简或木简，形制有详细的要求，格式方面以"年月日"为首表示册命时间，然后用"皇帝曰"代表此乃皇帝之亲命，最后才是所命之事。策书不仅用于封赏"诸侯王三公"，在他们死亡之后，可以策书谏谥赏赐；若其因罪被免时，也用策书，只不过策书形制和字体有特殊要求。

在蔡邕对策书的结构、使用范围和基本功能概括之后，进一步对策书这一文体进行全面评判的是刘勰。他在《文心雕龙》中专设"诏策"篇，用大量篇幅论述策书，如：

> 皇帝御宇，其言也神。渊嘿黼扆，而响盈四表，唯诏策乎！昔轩辕唐虞，同称为"命"。命之为义，制性之本也。其在三代，事兼诰誓。誓以训戎，诰以敷政，命喻自天，故授官锡胤。《易》之《姤》象："后以施命诰四方。"诰命动民，若天下之有风矣。降及七国，并称曰命。命者，使也。秦并天下，改命曰制。汉初定仪则，则命有四品：一曰策书，二曰制书，三曰诏书，四曰戒敕。敕戒州部，诏诰百官，制施赦命，策封王侯。策者，简也。制者，裁也。诏者，告也。敕者，正也。①

刘勰认为策书源于唐虞之际的"命"，经过夏先秦三代发展，命兼有诰誓的功能，秦代称为"制"，直到汉初之时"命"的功能分为四类，分别由制书、诏书、戒敕和策书承担，策书的功能主要是"册封王侯"。刘勰对策书的认识无疑吸收了蔡邕的看法并有所

---

① 周振甫《文心雕龙今译》，中华书局1986年版，第177页。

发挥。

刘勰的贡献在于对策书风格变迁的评论，如《文心雕龙·诏策》：

> 观文景以前，诏体浮杂，武帝崇儒，选言弘奥。策封三王，文同训典；劝戒渊雅，垂范后代。及制诏严助，即云："厌承明庐"，盖宠才之恩也。孝宣玺书，责博于陈遂，亦故旧之厚也。逮光武拨乱，留意斯文，而造次喜怒，时或偏滥。诏赐邓禹，称司徒为尧；敕责侯霸，称黄钺一下。若斯之类，实乖宪章。暨明章崇学，雅诏间出。和安政弛，礼阁鲜才，每为诏敕，假手外请。建安之末，文理代兴，潘勖九锡，典雅逸群。卫觊禅诰，符采炳耀，弗可加已。自魏晋诰策，职在中书。刘放张华，并管斯任，施令发号，洋洋盈耳。魏文帝下诏，辞义多伟。至于作威作福，其万虑之一蔽乎！晋氏中兴，唯明帝崇才，以温峤文清，故引入中书。自斯以后，体宪风流矣。[1]

刘勰对汉初至晋代策书风格的变化历程分为几个阶段进行了描述，由汉文帝、景帝之时的"浮杂"，至汉武帝时的"选言弘奥"、"文同训典"，汉末建安时期潘勖为代表的"典雅逸群"，魏的"辞义多伟"、晋明帝之时温峤的"文清"等。

刘勰的概括可谓极为精当，为我们理清了策书文体风格变化的基本脉络。文景之时策书虚浮杂乱，主要由于"孝文帝本好刑名之言。及至孝景，不任儒者"[2]（《史记·儒林传序》）。汉武帝崇儒，风格有所改变，注意言语修饰，用词广博深奥。据《汉书·淮南王

---

① 周振甫《文心雕龙今译》，中华书局 1986 年版，第 179—180 页。

② （汉）司马迁撰《史记》卷一百二十一，中华书局 1982 年版，第 3117 页。

传》："时武帝方好艺文，以安属为诸父，博辩，善为文辞，甚尊重之。每为报书及赐，常召司马相如等视草乃遣。"① 可见，武帝对策书文辞重视，此时文风古雅，汉代真正重视并关注策书也是从汉武帝时代开始的，我们看《史记·三王世家》中比较有代表性的三篇策书：

> 维六年四月乙巳，皇帝使御史大夫汤庙立子闳为齐王。曰：於戏，小子闳，受兹青社！朕承祖考，维稽古建尔国家，封于东土，世为汉藩辅。於戏念哉！恭朕之诏，惟命不于常。人之好德，克明显光。义之不图，俾君子怠。悉尔心，允执其中，天禄永终。厥有愆不臧，乃凶于而国，害于尔躬。於戏，保国艾民，可不敬与！王其戒之。右齐王策
>
> 维六年四月乙巳，皇帝使御史大夫汤庙立子旦为燕王。曰：於戏，小子旦，受兹玄社！朕承祖考，维稽古，建尔国家，封于北土，世为汉藩辅。於戏！荤粥氏虐老兽心，侵犯寇盗，加以奸巧边萌。於戏！朕命将率徂征厥罪，万夫长，千夫长，三十有二君皆来，降期奔师。荤粥徙域，北州以绥。悉尔心，毋作怨，毋俷德，毋乃废备。非教士不得从征。於戏，保国艾民，可不敬与！王其戒之。右燕王策
>
> 维六年四月乙巳，皇帝使御史大夫汤庙立子胥为广陵王。曰：於戏，小子胥，受兹赤社！朕承祖考，维稽古建尔国家，封于南土，世为汉藩辅。古人有言曰：'大江之南，五湖之间，其人轻心。杨州保疆，三代要服，不及以政。'於戏！悉尔心，战战兢兢，乃惠乃顺，毋侗好轶，毋迩宵人，维法维则。书云：'臣不作威，不作福，靡有後羞。'於戏，保国艾民，可不

---

① （汉）班固撰《汉书》卷四十四，中华书局 1962 年版，第 2145 页。

敬与！王其戒之。右广陵王策①

这三篇策文是被刘勰称为"文同训典"，认为与《尚书》的《伊训》、《尧典》等篇章风格相近。在选词造句、语言风格等方面，三篇策文的确具有《尚书》般古奥典雅之风。但是结合周代册命铭文分析时，我们会发现，真正与三篇策书更为相近的，是周代的册命铭文，他们之间的继承关系尤为明显，刘勰囿于文献限制，并未见到册命铭文资料，所以在论述中未对二者之间关系加以品评。

首先在格式方面，策文首句为日期，如"维六年四月乙巳"，这在铭文中很常见，如"休盘"的"佳廿年正月既望甲戌"，"师虎簋"的"唯元年六月既望甲戌"，"师晨鼎"的"佳三年三月初吉甲戌"等，都是以"维"或"唯"作为语气词居首，然后是具体年月日，唯一不同在于铭文中常常用"初吉"、"既望"、"既死霸"等月相名词。铭文有时会说明具体的时间，一般为早晨，铭文中用"旦"来表示。其次在日期之后参加册命的人员和册命地点，册封三王都是皇帝派遣御史大夫张汤在太庙举行，这与册命铭文大体相同，但并未涉及记录册命人员站立方位、分工等细节。再次，代王宣读的册命内容方面，这三篇策书内容与铭文亦有诸多相近之处："曰"即"皇帝曰"，是指以下内容为皇帝之言，铭文中一般为"王曰"或"王若曰"；皇帝说的第一句话是"於戏，小子闳，受兹青社"，"於戏"是语气词，感叹之意，"闳"为齐王之名，"青社"代指受封之地，《春秋大传》说："天子之国有泰社。东方青，南方赤，西方白，北方黑，上方黄。"②齐王受封之地在东方，所以为青

① 《史记》，第2112—2114页。
② 《史记》，第2115页。

社。铭文中册书一般在开始也直呼受封者之名，紧接其后为受封之职，"颂鼎"在曰之后为"颂，令女（汝）官宦嗣成周宾（贮）廿家，监嗣新臢（造）宾（贮）用宫御"，"询簋"在"王若曰"后为"询！不显文武受令，则乃且奠周邦"等。受命者名字之前设语气词"乌呼"的在铭文中很少见，其他类型铭文中出现得也较少，如"夨方鼎"中有"乌乎！王唯念夨辟烈考甲公"等。策书主要内容是告诫之辞，这三篇策书都反复强调受封之后要"为汉藩辅"，警告他们"惟命不于常"，策书结束于"於戏，保国艾民，可不敬与！王其戒之。"希望他们尽心竭力治理国家，要有恭敬之心，劝诚之意甚为明显。册命铭文中训诫之语经常出现，如"敬夙夜用事，勿废朕命"（大克鼎）、"用事，夙夕勿废朕命"（恒簋盖）"用夙夜事，勿废朕命"（伯晨鼎）、"虔夙夕敬朕尸事"（逨盘）等，使用较多的是"用事"一词，册命铭文中有 30 多例，如"王臣簋"，在周王在赏赐之后，最后以"用事"作为结语，其意为谨慎从事，代表劝诫之意。最后，册命铭文中作为主要内容的赏赐物品在策书中已经消失，这也是二者之间最明显的区别。

刘勰对这三篇策文的评价甚高，认为其可以"劝戒渊雅，垂范后代"，这也是汉武帝重视策文写作的结果。武帝之后，策文撰写变化较大，特别是光武帝之时，虽然间有文雅诏策出现，由于缺乏专门人才，因此有些诏策"实乖宪章"，未尽人意，此时也是诏策发展史上的衰微时期。

东汉以后，册命文体在使用过程中逐渐分化，大体上可以分为普通册文、九锡文和谥册文三种类型。普通册文是指册封皇室人员及王侯大臣的册文，在整个册文中所占比例较大，一般文风典雅古朴，与先秦册命文、汉代策书一脉相承。《文苑英华》把此类册文分为"皇帝册文"、"尊号玉册文"、"皇太子册文"、"诸王册文"、"皇后册文"、"公主册文"等六种。其中"皇帝册文"和"尊号玉册文"与其他册文有所不同。"皇帝册文"是皇权更迭过程中出现的比较特殊的一种文学现象，如唐代贾至所作的《肃宗皇帝即位册文》：

> 维天宝十五载岁次景申八月癸未朔十八日己亥，皇帝若曰："咨尔元子某，惟天为大，惟人君则之。顺乃德，故舜禹揖让而履皇极；弗乃道，故丹朱商均不能保鸿业。是以启有惠迪，而夏嗣焉；隋有乱纪，而唐受焉。五圣之御极，皆以勤俭兢业，日慎一日，故能享祚长久，乘庆无穷。洎予六叶，恭位四纪，厌於勤倦，缅慕汾阳，当保静怡神，思我烈祖元元之道，是用命尔元子某，当位嗣统。於戏！尔有忠孝之诚，极于君父，尔有友爱之义，信于兄弟；尔有仁恕之行，通于神明；尔有戡难之才，彰于兆庶。予懋乃懿绩，嘉乃神武，天之历数在尔躬。汝惟推诚，祸乱将冀尔永清；汝惟从谏，宗社将冀尔复宁。佞言惟疵，直言惟师，任贤勿贰，去邪勿疑。民非后孰治？后非贤罔与守邦。钦哉！慎乃有位，无忝我祖宗之丕烈矣！"①（《全唐文》卷三百六十七）

这是唐玄宗命贾至撰写的册命唐肃宗继承皇位的册文，此文在结构上与汉代册文基本相同，首先是册文的日期与时间，其次是代表皇帝之言的"皇帝若曰"，再次是策书内容，主要是叙述历史，以史为鉴，最后是告诫之辞。结构上没有新的变化，本文的主要特点是在文风上语言凝练、句式整齐、骈散结合，有汉代古雅之风，从中可见贾至的文采，因此为人称道，如玄宗曾对贾至说："两朝盛典出卿家父子手，可谓继美。"②（《新唐书·贾至传》）

---

① （清）董诰等编《全唐文》卷三百六十七，中华书局 1983 年版，第 3732—3733 页。
② （宋）欧阳修、宋祁撰《新唐书》卷一百一十九，中华书局 1975 年版，第 4298 页。

其所撰册文，当时誉为"历历如西汉时文"①（李舟《独孤常州集序》），此外唐皇甫湜《谕业》也说："贾常侍之文，如高冠华簪，曳裾鸣玉，立于廊庙，非法不言，可以望为羽仪，资以道义。"② 此外，其他皇帝即位册文如《顺宗皇帝即位册文》、《德宗皇帝即位册文》、《穆宗皇帝即位册文》、《敬宗皇帝即位册文》等结构大致如此，此不赘述。

"尊号玉册文"也是册文发展过程中比较有趣的现象，自先秦以来的册命文皆为天子、诸侯、帝王封授官职给子弟臣下，是由上而下的授命；而尊号册文却相反，它是大臣认为某个尊贵的称号适合皇帝，因而推荐给皇帝的册文，是自下而上。如唐李峤的《上应天神龙皇帝册文》是以文武群官的名义上"应天神龙"尊号给唐中宗，希望中宗能够接受。与册文常见的居高临下、训诫的语气不同，该类册文言辞恳切，语意真诚，充满祈求之意。如册文开始的"具官某及文武群官等，谨昧死再拜稽首奉册言"、结尾的"臣某等诚欢诚喜顿首顿首死罪死罪再拜以闻"③，多次使用"昧死"、"再拜稽首"、"顿首"、"死罪"、"诚欢诚喜"等表示恭敬之意的词语，重在强调皇帝至尊的地位。他如苏颋《开元神武皇帝册文》、李德裕《会昌二年上尊号玉册文》文体结构和语言风格大体相同。

"九锡文"属于册命文，但在形式上自成一体。"九锡"是九种礼器，是天子赐给有特殊功勋的诸侯、大臣的九种器用，表示最高的礼遇。锡，通"赐"，九种特赐物为车马、衣服、乐、朱户、纳陛、虎贲、斧钺、弓矢、秬鬯。最早出现的九锡文应该是西汉张竦为王莽受九锡所作的五百多字的册文，真正具有代表性、文体风格成

---

① （元）辛文房著《唐才子传校笺》卷三，中华书局1995年版，第491页。

② 同上。

③ （清）董诰等编《全唐文》，第2452页。

熟并成为后世九锡文典范的是汉末潘勖的《册魏公九锡文》：

> 制诏：使持节丞相领冀州牧武平侯：朕以不德，少遭闵凶，越在西土，迁于唐卫。当此之时，若缀旒然，宗庙乏祀，社稷无位；群凶觊觎，分裂诸夏，一人尺土，朕无获焉，即我高祖之命将坠于地。朕用夙兴假寐，震悼于厥心，曰：惟祖惟父，股肱先正，其孰恤朕躬？乃诱天衷，诞育丞相，保乂我皇家，弘济于艰难，朕实赖之。今将授君典礼，其敬听朕命。昔者董卓初兴国难，群后失位，以谋王室，君则摄进，首启戎行，此君之忠于本朝也。后及黄巾反易天常，侵我三州，延于平民，君又讨之，翦除其迹，以宁东夏，此又君之功也。……鲜卑丁令，重译而至，单于白屋，请吏帅职，此又君之功也。君有定天下之功，重之以明德，班叙海内，宣美风俗，旁施勤教，恤慎刑狱，吏无苛政，民不回慝；敦崇帝族，援继绝世，旧德前功，罔不咸秩；虽伊尹格于皇天，周公光于四海，方之蔑如也。朕闻先生并建明德，胙之以土，分之以民，崇其宠章，备其礼物，所以蕃卫王室，左右厥世也。其在周成，管、蔡不靖，惩难念功，乃使邵康公锡齐太公履，东至于海，西至于河，南至于穆陵，北至于无棣，五侯九伯，实得征之，世胙太师，以表东海；爰及襄王，亦有楚人不供王职，又命晋文登为侯伯，锡以二辂，虎贲、斧钺，秬鬯、弓矢，大启南阳，世作盟主。……今以冀州之河东、河内、魏郡、赵国、中山、钜鹿、常山、安平、甘陵、平原凡十郡，封君为魏公。使使持节御史大夫虑授君印绶册书，金虎符第一至第五，竹使符第一至第十，锡君玄土，苴以白茅，爰契尔龟，用建冢社。昔在周室，毕公、毛公入为卿佐，周、邵师保出为二伯，外内之任，君实宜之。其以丞相领冀州牧如故，今更下传玺，肃将朕命，

以允华夏。其上故传，武平侯印绶，今又加君九锡，其敬听后命。……君以温恭为基，孝友为德，明允笃诚，感乎朕思，是用锡君秬鬯一卣，圭瓒副焉。魏国置丞相以下群卿百僚，皆如汉初诸侯王之制。君往钦哉！敬服朕命，简恤尔众，时亮庶功，用终尔显德，对扬我高祖之休命。①

该文是汉献帝授曹操九锡时的册文，由潘勖撰写，建安十八年五月正式颁布。从文体结构上看，文章保留了先秦册命文的一些基本特征，首先在称呼上延续册命文的第一人称叙事方式，如"朕以不德，少遭闵凶"等；其次在文中宣布"今以冀州之河东、河内、魏郡、赵国、中山、常山、钜鹿、安平、甘陵、平原十郡，封君为魏公"。并给予九锡，这是册封的爵位和赏赐的内容，也是册命文的关键要素。最后是劝诫希望之辞，如"敬服朕命，简恤尔众，时亮庶功，用终尔显德，对扬我高祖之休命。"在内容上，先以献帝口吻述说帝业艰难，国运坎坷，丞相曹操拯救时局，表明献帝感激之情；次历数曹操十大功勋，认为"虽伊尹格于皇天，周公光于四海，方之蔑如也"。最后详细说明封赏之地与所赐之物。整篇文章极尽铺陈之能事，与此前册命文相比可谓鸿篇巨制，这也是本文的一个特点。

魏晋时代九锡文发展很快，在文体上与《册魏公九锡文》基本相同，如《策命孙权九锡文》、《策命晋公九锡文》、《策齐公九锡文》等。关于九锡文，赵翼有专门论述，《廿二史札记·九锡文》："每朝禅代之前，必先有九锡文，总叙其人之功绩，进爵封国，赐以殊礼，亦自曹操始。（案王莽篡位，已先受九锡，然其文不过五百余字，非如潘勖为曹操撰文格式也。勖所撰乃仿张竦颂莽功德之

---

① （清）严可均编《全上古三代秦汉三国六朝文》卷八十七，中华书局 1958 年版，第 1885—1887 页。

奏，逐件铺张，至三五千字，勔文体裁正相同。）其后晋、宋、齐、梁、北齐、陈、隋皆用之，其文皆铺张典丽，为一时大著作。故各朝正史及南北史俱全载之。"① 赵氏对九锡文的功用、源流进行概括，并指出其"铺张典丽"的文风和重要的文学价值。由于九锡文多是帝王赐九锡予权臣，其内容多为谀颂权臣功德，多有浮夸之嫌，故会遭致文人的关注或批评。唐陆龟蒙《和袭美寄广文》云："峰前北帝三元会，石上东卿九锡文。"清陈维崧《浣溪沙·逮下为阎牛叟赋》云："频笑王家九锡文，犊车麈尾事纷纭。"

　　九锡文多用在朝代更迭之际，成为权臣谋取皇位的一种手段，所以九锡在世人眼中变成篡位的代名词。虽然人们对九锡文多有非议，但是作为高等级的册命，它仍然属于较为严肃的应用文体。与此相对，南朝宋袁淑所作的九锡文以诙谐著称，当属九锡文发展历史中的一个另类，袁淑曾著《俳谐集》，大多散失，今仅存《鸡九锡文》、《驴山公九锡文》、《大兰王九锡文》、《常山王九命文》等数篇，散见于《太平御览》、《初学记》、《艺文类聚》等类书。如《鸡九锡文》：

> 维神雀元年，岁在辛酉，八月己酉朔，十三日丁酉，帝颛顼遣征西大将军下雉公王凤、西中郎将白门侯扁鹊：咨尔浚鸡山子，维君天姿英茂，乘机晨鸣。虽风雨之如晦，抗不已之奇声。今以君为使持节金西蛮校尉西河太守，以扬州之会稽封君为会稽公，以前浚鸡山为汤沐邑。君其只承予命，使西海之水如带，浚鸡之山如砺，国以永存，爰及苗裔。②

顾名思义，《鸡九锡文》中受命者为"鸡"，主要内容也多与鸡有关

---

① （清）赵翼著《廿二史札记》卷七，中华书局 2013 年版，第 148 页。
② （清）严可均编《全上古三代秦汉三国六朝文》《全宋文》卷四十四，中华书局 1958年版，第 5361 页。

的禽鸟，如年号为"神雀"，使者为"下雉公王凤"、"白门侯扁鹊"，所封之山亦为"浚鸡山"等，完全无涉人事，专以鸟兽为喻，象征人间世。作者为文主要目的是想通过这种诙谐幽默的文笔表现自己对这些九锡之类人间丑剧的批判，所以，在文体结构上也不甚严格，并未按照传统的九锡文的体制写作。

"谥哀册文"包括谥册文和哀册文。《文苑英华》在"翰林制诰"类"册文"之下列"谥哀册文"，分为"谥册文"和"哀册文"两类。《宋文鉴》、《文章辨体》、《元文类》"册"类中兼收哀册文，《明文衡》"册"类中专收谥册文。"谥册文"是指刻有为皇帝或皇后撰写谥号诏书的简册。如谢朓《齐明皇帝谥册文》：

> 维永泰元年九月朔日，哀子嗣皇帝讳，仰惟大行皇帝早弃万邦，圣烈方远，式遵帝世，俾罂鸿猷。咸以为无名以化，则言繁莫宣其道；有求斯应，则影响庶同其功。所以永言配命，寄心宗极，光昭令德，允树风声。伏惟大行皇帝合信四时，齐明日月，创光大于登庸，通神机于受命。因时以畅，藉九万而轻举；天保既定，运四海而高临。及乃开物成务，重维国纲，风行草化，心往如神，左贤右戚，内乐外礼，辑五材以教民，申三驱而在宥。用能盛德殷荐，美善斯毕，皇矣之业既孚，蒸哉之道咸备。景化方远，厌世在天，龟筮告期，远日无改，仰则前王，俯询百辟，累德弥睿，允极鸿名。谨命某甲奉太牢之奠，谨上尊谥曰明皇帝。庙号高宗。天人允协，神其尚飨。呜呼哀哉。[①]（《全齐文》卷二十三）

该类册文在文体结构上一般主要由对已故皇帝一生功绩的评价以及

[①] （清）严可均编《全上古三代秦汉三国六朝文》《全齐文》卷二十三，中华书局1958年版，第5842—5843页。

据此确定的谥号两部分组成，文章的重点在于前半部分，对功业的评判主要以颂扬为主，遵循隐恶扬善的传统，进行全面笼统的概括，一般不涉及具体事迹。

在皇帝驾崩上谥号之后，还可以"加谥"，即皇帝的后世子孙为前代皇帝再增加谥号，如唐玄宗李隆基时为高祖李渊、太宗李世民等加谥号以示尊崇，此类册文包括《高祖神尧大圣皇帝加谥册文》、《太宗文武大圣皇帝加谥册文》、《高宗天皇大圣皇帝加谥册文》、《中宗孝和大圣皇帝加谥册文》、《睿宗元真大圣皇帝加谥册文》等，如《太宗文武大圣皇帝加谥册文》：

> 维天宝八载，岁次己丑，闰六月癸亥朔四日景寅，孝曾孙嗣皇帝臣隆基，敢昭告于太宗文武皇帝：伏惟英哲自天，应期拨乱，翼戴元圣，大拯横流。九服载安，百蛮俾乂，功冠开辟，德被生灵。故干戈之动，叶于汤武；文章之盛，悬于日月。克昌大业，永建皇图，顾以眇身，祗膺宝命，恭惟孚佑，以至和平。顷者玉芝再产，上记阴骘，是用钦承丕祉，肃事鸿名。既刻元辰，荐彰嘉应，则有卿云散彩，瑞日重轮。永惟降鉴，载深兢惕，谨上加尊谥曰太宗文武大圣皇帝。伏惟俯眷虔诚，昭升盛烈，祗奉典册，伏增感慰。①（《全唐文》卷三十八）

这是唐玄宗为太宗李世民加尊谥号所作册文。李世民去世之后已经被谥为"太宗文武皇帝"，李隆基此次是在原来谥号基础上增加一个更加尊贵的谥号"大圣"，以体现对祖先丰功伟业的敬仰之情。文体结构上基本沿用传统册命文体制，以"维天宝八载"等年号表示具体册命日期时间，以"孝曾孙嗣皇帝臣隆基"表明册命者身份

---

① （清）董诰等编《全唐文》卷三十八，中华书局 1983 年版，第 413 页。

及与受命者关系，"敢昭告于太宗文武皇帝"之后是册命内容，主要以颂扬为主，最后是以"伏惟俯眷虔诚，昭升盛烈，祗奉典册，伏增感慰"结尾，表示对祖先的虔敬之意，欣慰之心。值得注意的是，由于册命的对象为赐命者先人，所以文中运用了诸如"孝曾孙"、"敢"、"谨"、"上加尊谥"、"伏惟俯眷"、"祗奉"、"伏增"许多表示尊敬、谦逊以及反复强调身份的词语，以之代替册命文结尾处常见的劝诫之类语言，这是此类册命文用词的特殊之处，也使得整篇文章缺少了册命文特有的威严、居高临下的气势。

哀册文，亦作哀策文，是古代颂扬帝王、后妃生前功德的文体。一般书写于玉石简策之上，在举行葬礼时由太史令宣读，并随棺椁埋于墓中。《后汉书·礼仪志下》："太史令奉哀策立后。"哀策文自汉至清一直属于常用的应用文体，姚华《论文后编·目录上》："上哀下曰耒，始鲁庄公；下哀上曰哀策，始汉李尤。"任昉《文章缘起》曰："哀策，汉乐安相李尤作《和帝哀策》。"明陈懋仁注："简其功德而哀之。《释名》：'哀，爱也。'爱而哀之也。"《南史·后妃传下·梁武丁贵嫔》："普通七年十一月庚辰，（贵嫔）薨……诏史部郎张缵为哀册文。"唐杨炯《薛振行状》："孝敬崩，诏公为哀册。"清钱谦益《九月初二日奉神宗显皇帝遗诏赋挽词》之二："南郊传累德，哀策属何人？"哀策文内容比较集中，关注于皇帝或后妃的功德，如唐褚遂良所作《唐太宗文皇帝哀册文》：

> 维贞观二十三年岁次己酉五月甲辰朔二十六日己巳，大行皇帝崩于翠微宫之含风殿，旋殡于太极殿之西阶。粤八月庚寅，将迁座于昭陵，礼也。凤纪凝秋，龙帷将曙，溢化同轸，绵区缟素。哀子嗣皇帝讳，览风树而增感，攀铜池而拊膺。逼宗祧之是寄，伤往驾之无凭莫樽盈而悲序促，灵景翳而愁云兴，去剑滋远，情徽方阒，爰诏司存，传芳琼宇。其词曰：

> 三微固祉，五耀垂文。光昭司牧，对越唐勋。族著元牝，家传缙云。高祖配天，一人有庆。大行神武，维几作圣。良书自得，高文成性。凤表馀雄，先怀反正。苍兕爰发，朱旗首令。寰瀛昏垫，关洛荒芜。妖倾地轴，盗弄乾枢。……嗟厚德之长违，仰高天而攀慕。呜呼哀哉！崇基永焕，置业方昭。遗风馀烈，天长地遥。想神襟而腾茂，纵史笔而扬翘。笼嘉声于日月，终有裕于唐尧。呜呼哀哉！（《全唐文》卷三十八）

哀册文一般篇幅较谥册文长，如该文将近八百字，篇幅为谥册文的数倍。册文分为两部分，第一部分属于序言性质，相当于先秦册命文策书之前的部分，主要是叙述太宗去世时间、地点，以及举行殡葬程序，也叙写了当今皇帝"览风树而增感，攀铜池而拊膺"的哀伤之情。第二部分主要是以铺陈方式颂扬太宗一生所建功业，由于歌颂的对象已逝，文中用"嗟厚德之长违，仰高天而攀慕"等感慨遗憾语句表达对死者的悼念，并反复运用"呜呼哀哉"表明悲痛哀伤情感。后世哀册文体制与内容大致相当，以颂扬哀悼为主，哀祭性质较为明显，在内容上与哀祭文相近。

以上是对册文的几个主要类别的文体特征与内容进行概括描述，由于分类标准不同，册文如果细分还可以划分出更多的类别，并且随着功能的丰富，册文种类也逐渐增多，明人徐师曾《文体明辨序说·册》云：

> 古者册书施之臣下而已，后世则郊祀、祭享、称尊、加谥、寓哀之属，亦皆用之，故其文渐繁。今汇而辨之，其目凡十有一。一曰祝册，郊祀祭享用之。二曰玉册，上尊号用之。三曰立册，立帝、立后、立太子用之。四曰封册，封诸侯用之。五曰哀册，迁梓宫、及太子诸王大臣薨逝用之。六曰赠

册，赠号、赠官用之。七曰谥册，上谥、赐谥用之。八曰赠谥册，赠官并赐谥用之。九曰祭册，赐大臣祭用之。十曰赐册，报赐臣下用之。十一曰免册，罢免大臣用之。[①]

册文种类的增多本质上是功能细化的结果，是社会政治制度日趋完善的反映，也是其文体价值社会实际需求的体现。

册文由先秦册命铭文发展至清代，无论从内容还是形式，在继承传统的基础上，有较大革新。继承性主要体现在文体结构上，先秦铭文中册命文体中在表示册命日期时以"惟"起始的形式一直被沿用，这是一个非常典型的传统的沿袭现象；具体册命内容以"曰"为标志，这也是先秦铭文的典型特征，既是出于直接或间接引用册书的需要，也包含着带有某种威严的强调意义。册命文体的发展主要表现在文学性增强、审美趣味的追求以及功能的丰富等几个方面。如果我们把西周册命铭文与唐宋以后的册文对比就会很容易发现二者之间在上述几个方面的巨大差异。周代册命文显得朴实、实用、简洁，用最经济的文字叙述最直接的任命，无论是仪式的记载还是封授官职、赏赐物品的叙说，都充满着威严和告诫。册书的语言是否华丽并不重要，人们更加关注的是册命的礼仪及其背后蕴含的至高无上的权威。后世文学的发展，许多文学大家加入册文的写作行列，他们自觉或不自觉的会把固有的文学观念和审美趣味在文章中体现出来，这个过程实际也是册文文学化的一个历史背景。经过历代文人的努力，原本枯燥无味、体制固定的册文变得多姿多彩，也充溢着浓郁的文学气息，成为中国文学史上重要的构成。

---

① （明）徐师曾《文体明辨序说》，第116页。

四 册命铭文选释

现有出土册命铭文近百篇，本文选取文体结构完整，有代表性的 2 篇铭文进行研究。

（一）颂鼎

颂鼎为西周宣王时器，铭文共 15 行 151 字，原为清宫旧藏，现藏北京故宫博物院。此鼎传世共 3 器，其中上海博物馆、故宫博物院、台北故宫博物院各藏 1 件。与其铭文基本相同的铜器还有颂壶、颂簋，颂壶传世有两器，颂簋传世共有 5 器。

【铭拓】

【释文】

隹三年五月既死霸甲戌，

王才周康卲（昭）宫。旦，王各（格）大

室，即立（位）。宰引右颂入门，立

中廷。尹氏受（授）王令书。王乎史

虢生册令颂。王曰："颂，令

女（汝）官嗣成周寅（贮）廿家，监嗣

新寤（造）寅（贮）用宫御，易女（汝）玄衣

黹屯（纯）、赤市朱黄、嗣綬旂、攸勒，

用事。"颂拜頴首，受令，册佩

㠯出，（返）入（纳）堇（瑾）章（璋）。颂敢对扬

天子不显鲁休，用乍朕皇

考龏弔（叔）皇母龏始（姒）宝尊鼎，

用追孝，䉌（祈）匄康㲼屯（纯）右（佑）、通

录（禄）、永令。颂其万年眉寿，

黁臣天子，霝冬（终）。子子孙孙宝用。①

【集释】

1. 隹三年五月既死霸甲戌，王才周康卲（昭）宫。

"隹"，即"唯"，金文中"唯"或"惟"一般写作"隹"。

"既死霸"，月相名词，又称"既死魄"。金文中有大量的月相记载，较为常见的有"初吉"、"既望"、"既生霸（魄）"、"既死霸（魄）"等，西周《尚书》等传世文献也有关于月相的记载，因此西周月相称谓还包括"旁生霸"、"旁死霸"、"方死霸"、"哉生霸"、"既旁生霸"等。"既死霸"的含义，学术界争议较大，一直难以找

---

① 马承源《商周青铜器铭文选》（三），第302—303页。本章选取铭文的隶定考释主要参考马承源《商周青铜器铭文选》、《殷周金文集成》（修订增补本）、《金文今译类检》及相关论文。

到可以为众人接受的说法。比较有代表性的是王国维《观堂集林·生霸死霸考》中的观点，"既死霸，谓自二十三日以后至于晦也……盖月受日光之处虽同此一面，然自地观之，则二十三日以后月无光之处，正八日以前月有光之处。此即后世上弦下弦之由分，以始生之明既死，故谓之既死霸。"① 指月之下弦至晦的一段时间。

"甲戌"，是干支纪日法，在先秦甲骨、周代金文中用天干地支纪日。

"王才周康邵宫"，"王"是指周宣王。"邵"通"昭"，指昭王。"康昭宫"有不同理解，唐兰认为"康宫"是指周康王之庙，同理，"昭公"即为周昭王之庙。这里的"昭"也可以理解为"昭穆"之"昭"，即周代实行的昭穆制度，这种看法目前也为部分学者认可。

2. 旦，王各（格）大室，即立（位）。

"旦"，指太阳刚刚升起之时。《说文》："明也。从日见一上。一，地也。"《玉篇》："朝也，晓也。"《尔雅·释诂》："旦，早也。"周代册命铭文中的"旦"是为了标明册命仪式中周王到达太室的时间，这个时间是固定的，部分册命铭文未记载时间，可能是铭文撰写者认为在"旦"之时周王到达册命地点属于常识，故此省略。

"大室"，即太室。太庙中央之室，亦指太庙。《书·洛诰》："王入太室祼。"孔传："太室，清庙。"孔颖达疏："太室，室之大者，故为清庙。庙有五室，中央曰太室。"《春秋·文公十三年》："大室屋坏。"杜预注："大庙之室。"周代册命一般在太庙举行，以示尊重祖先，不敢专享。

"即立（位）"，指周宣王进入太室之后，安坐于位，准备册命。

3. 宰引右颂入门，立中廷。

"宰"，周代官名。《仪礼》："宰右执镫，左执盖。"郑玄注：

---

① 《周礼正义》，中华书局 1987 年版，第 513 页。

"宰谓太宰，宰夫之长也。"《仪礼·聘礼》："宰命司马戒众介。"郑玄注："上卿贰君事者也。诸侯谓司徒为宰。"又《周礼·天官·小宰》："掌建邦之宫刑，以治王宫之政令。"《内宰》："掌王内之政令。"清孙诒让云："此官治王内之政令，与小宰治王宫之政令，内外互相备也。"金文中宰官经常出现，"宰官乃周王家宰，掌管王室经济财用为其常职；在西周王朝家国不分的政制下，作为王室事务官之长的宰官又兼具公卿级的王朝政务大臣的角色"①，周代册命时，负责佑护官员一般比受命者的职务高。本铭中"宰"负责引导佑护"颂"接受册命。

4. **尹氏受（授）王令书，王乎（呼）史虢生册令颂。**

"尹氏"应为负责撰写或保管命书的官员。"令书"，即"命书"，册命文书，后世又称"册书"、"策书"。由专门的官员负责撰写，周代这项工作由史官完成。在举行册命仪式时当场宣读，仪式后交给受命者保管。"史虢生"，应为史官，负责宣读册书。"策命时，史官之长执王命书授于被王指定宣读命辞的史官。"②

"册令"，即"册命"，亦作"策命"，是指封官授职，是西周社会至春秋时代周王或诸侯任命官员、赏赐车服、命服的制度，包括天子任命诸侯、百官，诸侯任命卿大夫等。《说文》："册，符命也。诸侯进受于王也。象其札一长一短，中有二端之形。凡册之属皆从册。"指天子封建赏赐诸侯。"册命"又称"策命"或"锡命"，《左传·昭公三年》："授之以策"注："策，受命之书。"《周礼·内史》："凡命诸侯及孤、卿、大夫，则策命之。"郑玄注曰："郑司农说以《春秋传》曰：'王命内史兴父策命晋侯为侯伯。'策谓以简策书王命。"③

---

① 谢乃和《〈周礼〉"家宰"与金文所见西周王家之宰》，《古代文明》2007年第3期。
② 马承源《商周青铜器铭文选》（三），第303页。
③ 《周礼注疏》，北京大学出版社1999年版，第710页。

5. 王曰："颂，令女（汝）官嗣成周寅（贮）廿家，监嗣新窟（造）寅（贮）用宫御，易女（汝）玄衣黹屯（纯）、赤市朱黄、嗣𢆶旂、攸勒，用事。"

"王曰"，指周宣王说，册命铭文中"王曰"的内容应为册书的内容，因此有许多铭文写作"王若曰"。"令女"，即命汝。"寅"，清阮元释为"贮"①；王国维从阮说，释为"贮"，但读为"予"②；杨树达释作"贮"，而读为"纾"③；李学勤认为此字应释为"贾"④。按：李学勤释读较为准确，符合金文中寅字本义，"贾"即贾人，商人。

"监嗣新窟（造）寅（贮）用宫御"，赵光贤释为"颂的职务是监督管理新到的商用和宫廷用的货物"⑤。颂的具体职官应为"贾师"⑥，《周礼·地官·贾师》："贾师各掌其次之货贿之治，辨其物而均平之。展其成而奠其贾，然后令市。凡天患，禁贵儥者，使有恒贾。四时之珍异，亦如之。凡国之卖儥，各帅其属而嗣掌其月。凡师役、会同，亦如之。"

"易"读为"赐"。"玄衣黹屯"，"玄"，《说文》："玄，黑而有赤色为玄。""衣"，《说文》："衣，依也。上曰衣，下曰裳。""玄衣"即玄色之衣，赤黑色的丝织的衣服，为周代卿大夫的命服。"黹"，《说文》："黹，箴缕所紩，从𢧵丵省。""屯"读为"纯"，《广雅·释诂二》："纯，缘也。"《说文》："缘，衣纯也。"《仪礼·

① 阮元《积古斋钟鼎彝器款识》卷四，嘉庆九年（1804年）刻本。
② 王国维《观堂别集》卷二《颂壶跋》，《王国维遗书》第四册，上海古籍书店1983年版。
③ 杨树达《积微居金文说》（增订本）卷一《颂鼎跋》，科学出版社1959年版，第21页。
④ 李学勤《兮甲盘与驹父盨》，《人文杂志丛刊》第二辑《西周史研究》；又《鲁方彝与西周商贾》，《史学月刊》1985年第1期。
⑤ 赵光贤《周代社会辨析》，人民出版社1980年版，第225页。
⑥ 刘恒《释颂鼎铭中册命之文》，《故宫博物院院刊》2002年第4期。

士冠礼》："服纁裳纯衣。"注："纯衣，缘衣也。""黹纯"，有针刺花纹的边。

"赤市朱黄"，"市"，《说文》："市，韠也。上古衣蔽前而已，市以象之。天子朱市，诸侯赤市，大夫葱衡。从巾，一象连带之形，凡市之属皆从市。韨，篆文市，从韦，从犮。""赤市"，即礼服中赤色的蔽膝；"黄"，唐兰认为应释为"衡"，乃为衣带[1]。"朱黄"，为黄色的系市的衣带。

"銮旂"，装饰有銮铃的旗帜。"銮"，即"銮"。《说文》："銮，人君乘车四马镳，八銮铃，象鸾鸟声，和则敬也。"《诗·泮水》："鲁侯戾止，言观其旂。其旂茷茷，鸾声哕哕。"《诗经·采菽》："君子来朝，言观其旂。其旂淠淠，鸾声嘒嘒，载骖载驷，君子所届。"

"攸勒"，金文又写作"鋚勒"、"鋚革"、"攸革"，《诗经》中多作"鞗革"，《诗经·韩奕》："韩侯入觐，以其介圭，入觐于王。王锡韩侯，淑旂绥章，簟茀错衡。玄衮赤舄，钩膺镂锡，鞹鞃浅幭，鞗革金厄。"《诗经·采芑》："方叔率止，乘其四骐，四骐翼翼。路车有奭，簟茀鱼服，钩膺鞗革。"《说文》："鋚，铁也。一曰辔首铜。"又"勒，马头络衔也。"《玉篇》："勒，马镳衔也。""攸勒"即带有铜饰的马辔首络衔。[2]

"用事"，只见于西周铭文，属于铭文中的习语。意为忠于职守，勤勉从事。在册命铭文中使用位置较为固定，一般用于册书末尾，属于册命者对受命人的要求。

6. 颂拜頴首，受令，册佩吕出，（返）入（纳）董（瑾）章（璋）。

"拜頴首"，在铭文中一般为"拜手頴首"、"拜首頴首"、"拜頴

---

[1]　唐兰《毛公鼎朱韨葱衡玉环瑑新解》，《光明日报》1961 年 5 月 9 日。

[2]　本文有关册命铭文的释读主要参考陈汉平《西周册命制度研究》、《金文今译类检》。

首"。"頴首"同"稽首",是古代的一种跪拜礼,行礼时,要叩头至地。[1] 贾公彦认为,"稽首,其稽,稽留之字,头至地多时,则为稽首也。"在周代,稽首为最敬之礼,《周礼·春官·大祝》:"辨九拜,一曰稽首,二曰顿首,三曰空首,四曰振动,五曰吉拜,六曰凶拜,七曰奇拜,八曰褒拜,九曰肃拜,以享右、祭祀。"贾公彦疏:"稽首,拜中最重,臣拜君之拜。"作为九拜中最重要的礼仪,稽首礼一般用于朝见国君,或是君王慰劳臣子时,臣子用于答谢之礼。"拜手稽首",孔颖达:"初为拜头至手,乃复申头以至十地,至于是为'拜手',至地乃为'稽首'。然则凡为稽首者,皆先为拜手,乃后为稽首。故'拜手稽首'连言之,诸言'拜手稽首',义皆同也。"又顾炎武《日知录》卷二十八:"古人席地而坐,引身而起,则为长跪。首至手则为拜手。手至地则为拜。首至地则为稽首。此礼之等也。君父之尊必用稽首。拜而后稽首,此礼之渐也;必以稽首终,此礼之成也。"则"拜手稽首"为两个连续礼仪动作的组合,一般配合使用,行礼时先跪倒在地,双手至地,额头触手;头至手之后,再触地,并做短暂停留。

"受令",即受命,在周代册命仪式中,在宣读完册书之后,要把册书交给受命者。这里指颂接受册书。

"(返)入(纳)堇(瑾)章(璋)",册命礼仪之一,受命者答谢王命之后,离开册命地点太庙,再次返回以璋见周王。

7. 颂敢对扬天子不显鲁休,用作朕皇考龏弔(叔)皇母龏始(姒)宝尊鼎。

"敢",表敬助词,金文中常见习语。《仪礼·士虞礼》:"敢用絜牲刚鬣。"郑玄注:"敢,冒昧之辞。"贾公彦疏:"凡言敢者,皆

---

[1] 陈初生《金文常用字典》,陕西人民出版社 2004 年版,第 848 页。

是以卑触尊，不自明之意。"敢，实际意为"不敢"。

"对扬天子不显鲁休"，"对扬某休"为金文中常见习语，如"对扬王休"、"对扬天子休"、"对扬天子丕显休"、"对扬天子鲁休"等。其中"对扬某休"为基本格式，"丕显"、"鲁"等是修饰语。"对扬"之意，颇多争议，在《诗经·江汉》："虎拜稽首，对扬王休，作召公考。"郑玄笺云："虎既拜而答王策命之时，称扬王之德美，君臣之言，宜相成也。"郑氏解释有些模糊，把扬解释为"称扬"，又言"君臣之言，宜相成"，则称扬又可以理解为对答之言。沈文倬先生从礼仪角度解释，认为"对是一种贵族礼仪中的语言形式，即一句或两句简练的短句子；其辞，不同的礼仪各不相同，但均有规定。""扬是一种贵族礼仪中的动作形象，即趋行身躯小仰，手中举物；其物，饮酒礼是觯，其他礼中各随其礼之所应用。"在铭文中的对扬为"受命之臣拜后起立，仰身趋进，手里举起王所锡之玉，口唤'敢（即不敢）'、'王休'等短句子。"[①] 把"对扬王休"看做紧接着"拜手稽首"的一个动作，比较恰当。

"皇考"、"皇母"，《礼记·曲礼》："生曰父、曰母、曰妻，死曰考、曰妣、曰嫔。"《尔雅·释亲》："父为考，母为妣。"是对去世父母的尊称，意为伟大的父亲母亲。

8. 用追孝，旛（祈）匄康龏屯（纯）右（佑）、通录（禄）、永令。

"用追孝"，金文中用于祭祀的词语，常见的有"用享"、"用孝"、"用追孝"、"孝享"等，是用向已故祖先追行祭祀以献祭之意。《尚书·文侯之命》："追孝于前文人。"孔颖达疏："追行孝道于前世文德之人。"《礼记·坊记》："修宗庙，敬祀事，教民追

---

① 沈文倬《对扬补释》，《考古》1963 年第 4 期。

孝也。"

"蘇（祈）匄"，即"祈介"，祈求之意。《诗经·七月》："十月获稻，为此春酒，以介眉寿。""康戲"，即康娱。《楚辞·离骚》："日康娱以自忘。""康娱与康乐意义相似，皆谓安乐。"

本句意为"以对先人追行孝道，祈求康娱、厚佑、常福和长命。"

9. 颂其万年眉寿，畯臣天子，霝冬（终）。子子孙孙宝用。

"眉寿"，金文习语，意为长寿。毛传："眉寿，豪眉也。"孔颖达疏："人年老者必有豪毛秀出者。"高亨注："眉寿，长寿也。"

"子子孙孙宝用"，金文常见习语，又作"子孙永宝用"、"永宝用"、"永保用"、"子子孙孙永宝用享"等形式，一般用于铭文末尾，表示作器者希望自己后世子孙能够永远珍藏使用彝器。

【大意】

周宣王三年五月甲戌日，宣王抵达康宫和昭宫，第二天清晨来到太庙的太室，举行册命颂的仪式。颂在宰的引导下进入太室，立于中廷，等待册命。尹氏将册书交给史虢生宣读，册书内容为任命颂掌管成周贾人二十家，监督管理新到的商用和宫廷用的货物，并赐给颂相应的命服、旗、马具攸勒等物品。颂拜谢周王的任命和赏赐，接受载有王命的简册退出中廷，并重新返回向周王献上瑾璋。颂称颂感激天子的伟大的恩德，为去世的父亲、母亲铸造宝鼎，用来追行孝道，祈求康娱、厚佑、常福和长命。颂祈求万年长寿，子子孙孙永远珍藏使用。

（二）师虎簋

师虎簋，又名虎簋，为西周懿王时器。共有铭文 10 行 124 字。现藏上海博物馆。

【铭拓】

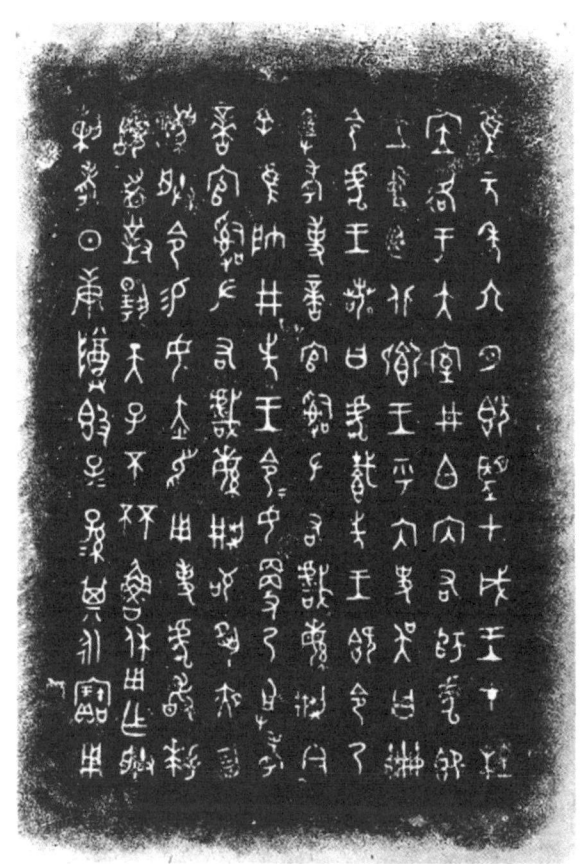

【释文】

隹元年六月既望甲戌，王才杜

㝅（居），各（格）于大室。井白（伯）内（入）右师虎，即

立中廷，北卿（向）。王乎（呼）内史吴曰："册

令虎。"王若曰："虎，截（载）先王既令乃

叺（祖）考事，啻（适）官嗣左右戏繛（繁）荆。今

余佳帅井（型）先王令，令女（汝）更（赓）乃取（祖）考，
啻（适）官嗣左右戏繇（繁）荆，苟（敬）夙夜勿
瀍（废）朕令。易女（汝）赤舄，用事。"虎敢拜
顝首，对扬天子不杯鲁休，用乍朕
剌（烈）考日庚尊簋。子子孙孙其永宝用。

【考释】

1. 佳元年六月既望甲戌，王才杜呙（居），各（格）于
大室。

"元年六月既望甲戌"，金文研究学者一般认为师虎簋为周懿王
时器，元年为周懿王元年。马承源推断懿王元年为公元前 941 年，
六月庚甲朔，十五日得甲戌，即此器纪年为公元前 941 年 6 月 15
日。另一种观点根据古本《竹书纪年》关于日食的记载，认为：

> 古本《竹书纪年》载："懿王元年天再旦于郑。""天再旦"
> 即天亮两次的奇异天象，有学者认为是日出之际发生的一次日
> 食。"郑"的地望在西周都城（今西安）附近的华县或凤翔。
> 通过理论研究建立了描述日出时日食造成的天光视亮度变化的
> 数学方法，据此可以计算出每次日食所造成天再旦现象的地面
> 区域。对公元前 1000—前 840 年间的日食进行全面计算，得出
> 公元前 899 年 4 月 21 日的日食可以在西周郑地造成天再旦现
> 象，并且是唯一的一次。理论计算得到的公元前 1000—前 840
> 年中国地区"天再旦"现象。
>
> 1997 年 3 月 9 日，我国境内发生了本世纪最后一次日全
> 食，日食发生时，新疆北部正好是天亮之际。经布网实地观
> 测，日出的天色已明，此时日全食发生，天色转黑，几分钟
> 后，全食结束，天色再次放明。各地情况与计算完全一致，证
> 实了理论方法是正确的，实际观测印证了"天再旦"为日全食

记录是可信的。……①

《报告》结论认为以懿王元年为公元前 899 年，该年六月丙辰朔，甲戌为十九日，与"既望"月相正合。现在随着研究的深入，对《报告》质疑较多，如有学者认为报告结论错误，观点如下：

> 中国古代文献《竹书纪年》中，有一条记载"懿王元年天再旦于郑"。这是一次天空放亮，太阳升起之前的日全食，发生于周懿王之东方郑侯国方向。经查阅刘次沅、马莉萍著《中国历史日食典》，其日食表与日食图表明："公元前 966 年 5 月 12 日丙辰，5 时 51 分，日全食，食分 0.39。"其日食表显示此次日食的食甚发生在日出前，于丰邑看不见日全食。中国科学院紫金山天文台李广宇著《5000 年日食表》："公元前 966 年 5 月 12 日丙辰，4 时 54 分，日全食，食分 1.06。"周懿王元年周历六月初一日丙辰（公元前 966 年 5 月 12 日）5 时 51 分/4 时 54 分，日全食，食分 0.39/食分 1.06。日全食于拂晓，在太阳升起之前，形成了明——暗——明，天再旦。董作宾著《中国年历总谱》："周懿王元年，于公元前 966 年。"《甲骨文与青铜铭文揭示文王与周王世断代年表》："懿王在位积年二十三年。公元前 966 年至公元前 944 年。"②

认为周懿王元年天再旦于郑，发生于公元前 966 年。目前各种观点之间差距较大，很难找到一个大家满意的看法。

"杜𠨵"，"杜"，指西周时期杜国，在今陕西西安东南。春秋初

① 夏商周断代工程专家组《夏商周断代工程 1996—2000 年阶段成果报告·简本》，世界图书出版公司 2000 年版，第 24—25 页。
② 吴德章《周懿王元年天再旦于郑，发生于公元前 966 年》，先秦史论坛。

年为秦宁公所灭。杜国器传世有杜伯鬲、杜伯盨。"寍"，唐兰："金文里，凡是周王临时性的住所，均用应，或应、寍。"

2. 井白（伯）内（入）右师虎，即立中廷，北卿（向）。

"井白（伯）"，即邢伯，西周中期人。一种观点认为其名"亲"，为邢国首领，穆王后期开始任司马之职，经历穆、共、懿时期，司马井伯的名字见于"走簋"、"利鼎"、"救簋"、"师毛父簋"、"五祀卫鼎"、"豆闭簋"等。一种认为师虎簋中的井伯不是穆王时期的井伯，根据时间推断，应该是亲的下一代，继承了父亲职位，亦称井伯。①

"师虎"，人名。职务为"师"，名"虎"。传世器还有一"虎簋盖"。有学者认为"该簋盖作器者虎之文考为日庚，元年师虎簋中师虎的烈考也是日庚，二簋铭中之作器者皆名虎，应为同一个人。其祖考所司'虎臣'与'左右戏繁荆'亦当同为王之近卫部队。师虎所司为左右戏繁荆，虎之所司除'更厥祖考足师戏'外，又增加'司走马御人五邑走马御人'的任命。可见虎簋所记册命较之师虎簋所记册命有所增加，按理说虎簋应晚作于师虎簋。"②

"北向"，师虎站立的位置，也是受命者按照册命礼仪规定应该站立的位置。

3. 王乎（呼）内史吴曰："册令虎。"

"内史吴"，内史，官名。名吴。亦见牧簋，马承源认为此即吴方彝盖之作册吴。作册与内史之职名初常互用，自西周中期以后作册渐废而多称内史。③

4. 虎，截（载）先王既令乃叹（祖）考事，啻（适）官嗣左右戏觭（繁）荆。

"啻（适）"，继承。"戏"，《说文》："三军之偏也。""左右

---

① 王冠英《亲簋考释》，《中国历史文物》，2006 年第 3 期。
② 刘雨《近出殷周金文综述》，《故宫博物院院刊》2002 年第 3 期。
③ 马承源《商周青铜器铭文选》（三），第 168 页。

戏"，即左右偏军。"（繁）荆"，读为繁缨。《左传》成公二年：
"请曲县，繁缨以朝，许之。"杜预注："繁缨，马饰，皆诸侯之
服。"可见，繁缨为甚高职位之人方能服之。此指左右军高级御
马之官。[①]

5. 苟（敬）夙夜勿潴（废）朕令。易女（汝）赤舄，
用事。

"赤舄"，红色的朝靴，一般为命服之赐物。《周礼·天官·屦
人》："舄有三等，赤舄为上。"《诗·豳风·狼跋》："赤舄几几"。
毛传："赤舄，人君之盛屦也。"孔颖达疏："天官屦人，掌王之服
屦，为赤舄、黑舄。注云：'王吉服有九，舄有三等，赤舄为上，
冕服之舄，下有白舄黑舄，然则赤舄是舄之最上，故云人君之盛
屦也。'"

6. 虎敢拜頴首，对扬天子不环鲁休，用乍朕剌（烈）考
日庚尊簋。

"不环"，即丕显，金文常见习语。"日庚"，先人称谓。日与天
干字组合，乃金文对先人的常见称谓。唐兰认为这种称谓与祭祀日
的天干字有关："用甲日祭的就叫祖甲父甲，用乙日祭的就叫祖乙
父乙，与生死之日无关，卜辞凡称且甲父甲等均以甲日祭，是很明
显的证据。"[②]

【大意】

周懿王元年六月甲戌，周王在杜国行宫，第二天清晨，进入太
室。邢伯引导虎进入太室，立于中廷，面向北站立。周王命内史吴
说："开始册命虎。"内史吴宣读命书，内容为："虎，先王以前已
经任命过你祖先官职，担任左右军御马官。现在我依照先王之命，

①　马承源《商周青铜器铭文选》（三），第 168 页。
②　《金文今译类检》（殷商西周卷），广西教育出版社 2003 年版，第 215 页。

任命你继承祖考之官职。你要恭敬日夜从事，忠于职守。赐给你红色朝靴，谨慎努力从事。"虎行稽首之礼，称颂感谢天子伟大的恩德，于是为伟大的先父日庚铸造宝簋，希望子孙后代永远珍藏使用。

第四章
周代祝嘏铭文文体考述

　　中国历史上的青铜时代是华夏文明的发生发展时期，也是中华文化的滥觞阶段。形态各异的铜器成为这个辉煌时代的重要标志。铜器上铸刻的大量铭文作为历史记录蕴含着丰富的内容，祭祀、册命、赏赐、战争等社会生活的方方面面都得以真实呈现。铭文中祭拜天神地祇人鬼的祝嘏辞是一种非常特殊的文体，在周代社会应用广泛，在各类铭文中经常出现，已形成稳定的体制，是具有丰富的文学意蕴一种文体。战国以降，祝嘏辞基于现实社会的需要，随着载体的改变不断发展变化，文学价值逐渐增强。本文以铜器铭文中祝嘏辞为研究对象，分析祝辞与嘏辞的含义，总结铭文中祝嘏辞的类别、内容及文体特征，考察其在后世的演变轨迹。

一　祝　辞　与　嘏　辞

　　祝嘏指在祭祀过程中祝所说的祝愿祈求之辞，徐中舒谓："祝为主人致辞于神为祝，尸酢主人，命祝致福于主人曰嘏。"①"祝嘏"是"祝辞"、"嘏辞"的简称。"祝辞"即徐师曾所说的"飨神之词"②，是祝代表主祭者向神灵祈求福祉的文辞，"嘏辞"是祝转述象征神灵的"尸"向主祭者赐福的言辞。《礼记·礼运》："祝以孝告，嘏以慈告。"孙希旦《礼记集解》："祝，谓享神之祝辞也。嘏，谓尸嘏主人之辞也。祭初享神，祝辞以主人之孝告于鬼神。至主人酢尸，而主人事尸之事毕，则祝传神意以嘏主人，言承致多福无疆于女孝孙，而致其慈爱之意也。"③孙氏进一步理清了祝嘏的内涵。在祭祀中，"尸"、"祝"、"主人（祭者）"三者共同完成祭祀的各项礼仪，"尸"端坐于神位，象征神灵；"主人"按照各种仪节膜拜神灵并祈求神灵福佑，"祝"则是在"尸"与"主人"之间的媒介。

祝在祭祀中负责祝祷，以言语沟通神人。《说文》："祝，祭主赞词者，从示从儿口。一曰从兑省，《易》曰：兑为口为巫。"段玉裁："此以三字会意，谓以人口交于神也。"《释名》："祝，属也。以善恶之词相属著也。"《玉篇》："祝，祭词也。"西周时代祝属于神职系统的官员，在《周礼》中，"大祝"和"小祝"与"司巫"、"大卜"、"占人"、"男巫"、"女巫"等都并列在一起，同属"春官"。关于祝的职责，《周礼·大祝》载：

> 大祝掌六祝之辞，以事鬼神示，祈福祥，求永贞。一曰顺祝，二曰年祝，三曰吉祝，四曰化祝，五曰瑞祝，六曰筴祝。……作六辞以通上下亲疏远近，一曰祠，二曰命，三曰诰，四曰会，五曰祷，六曰诔。……凡大禋祀、肆享、祭示，则执明水火而祝号。隋衅，逆牲，逆尸，令钟鼓；右，亦如

---

① 徐中舒《金文嘏辞释例》，《徐中舒历史论文选》，中华书局1998年版，第502页。
② （明）徐师曾《文体明辨序说》，第155页。
③ （清）孙希旦《礼记集解》，中华书局1989年版，第594页。

之。来瞽，令皋舞；相尸礼。既祭，令彻。……掌国事，国有大故、天灾，弥祀社稷，祷祠。[①]

大祝职责较多，最重要的是"掌六祝之辞"，即在各种祭祀祈祷之时，能够有辞说以告神、事人鬼及天神地祇，以祈求鬼神赐福。小祝职责是"掌小祭祀将事侯禳祷祠之祝号，以祈福祥，顺丰年，逆时雨，宁风旱，弥灾兵，远辠疾。"(《周礼·小祝》)[②] 小祝执掌范围基本与大祝相同，在重大祭祀活动中，协助大祝，以大祝助手的身份出现。此外，还有丧祝、甸祝、诅祝等负责专门事项的祝官。祝官以言辞作为工作的重要内容，因此，擅长文辞是对祝官的基本要求，他们要掌握各种祭祀中应用的文辞，运用相应的祝辞在不同的祭祀活动中沟通人与神灵祖先。祝官应具备的知识和能力，在《国语·楚语下》有详细说明："是使制神之处位次主，而为之牲器时服，而后使先圣之后之有光烈，而能知山川之号、高祖之主、宗庙之事、昭穆之世、齐敬之勤、礼节之宜、威仪之则、容貌之崇、忠信之质、禋洁之服而敬恭明神者，以为之祝。"[③] 对祝官有关祭祀知识的要求是比较全面的，不仅要"先圣之后"，还要有通晓各种相关祭祀礼仪、具备忠信的品格，在容貌、威仪等方面都有较高的要求，这也是"国之大事，在祀与戎"时代，祭祀的重要地位所决定的。

先秦时期的祝嘏之辞在《仪礼》、《礼记》、《诗经》、《尚书》、《左传》等文献中都有保留。《礼记·郊特牲》记载的"蜡祭之辞"："土反其宅，水归其壑，昆虫毋作，草木归其泽。"被徐师曾誉为

---

① 《周礼注疏》，第 1746—1752 页。
② 同上，第 1753 页。
③ 《国语集解》，第 513 页。

"祝文之祖"。① 舜之祠田云:"荷此长耜,耕彼南亩,四海俱有。"②
另一篇歌颂商汤德行的祝辞见于《吕氏春秋·异用》:

> 汤见祝网者,置四面,其祝曰:"从天坠者,从地出者,
> 从四方来者,皆离吾网。"汤曰:"嘻!尽之矣,非桀其孰为此
> 也?"汤收其三面,置其一面,更教祝曰:"昔蛛蝥作网罟,今
> 之人学纾,欲左者左,欲右者右,欲高者高,欲下者下,吾取
> 其犯命者。"③

上面几则祝辞用词简洁,语言质朴,有口语的通俗特点,这也是早
期祝辞口语传播方式保留下来的痕迹。

《仪礼·士冠礼》记载了举行冠礼时的祝辞:

> 始加,祝曰:"令月吉日,始加元服。弃尔幼志,顺尔成
> 德。寿考惟祺,介尔景福。"再加,曰:"吉月令辰,乃申尔
> 服。敬尔威仪,淑慎尔德。眉寿万年,永受胡福。"三加,曰:
> "以岁之正,以月之令,咸加尔服。兄弟具在,以成厥德。黄
> 耇无疆,受天之庆。"④

三组祝辞都是对成人男子的祝愿祈福,希望获得祖先天神佑护、获
得大福长寿。句式十分整齐,以四言韵语为主,祝辞中的词语都经
过精心修饰,已经摆脱口语化的痕迹,用词文雅,便于唱诵。

文献中载有周成王举行冠礼时的祝辞,一则称为"成王冠祝",

---

① (明)徐师曾《文体明辨序说》,第 155 页。
② 周振甫《文心雕龙注释》,人民文学出版社 1981 年版,第 105 页。
③ 许维遹《吕氏春秋集释》,中华书局 2009 年版,第 235 页。
④ 《仪礼注疏》,第 2066 页。

辞为："使王近于民，远于年，啬于时，惠于财，亲贤使能。"另一则题为"成王冠颂"，辞为："令月吉日，王始加元服。去王幼志，服衮职。钦若昊天，六合是式。率尔祖考，永永无极。"两则祝辞作者为"祝雍"，是周初太祝，在内容上与《仪礼》所载冠礼的祝辞相近，都是祈愿祝福之辞。

《仪礼·少牢·馈食礼》记载祝辞和嘏辞各一则：

> 主人西面，祝在左。主人再拜稽首祝。祝曰："孝孙某，敢用柔毛刚鬣，嘉荐普淖，用荐岁事于皇祖伯某，以某妃配某氏，尚飨。"主人又再拜稽首。
>
> 上佐食兼受，抟之，以授尸，尸执以命祝。卒命祝，祝受以东，北面于户西，以嘏于主人，曰："皇尸命工祝，承致多福无疆于女孝孙。来女孝孙，使女受禄于天，宜稼于田，眉寿万年，勿替引之。"①

第一则祝辞是主人命祝向祖先神灵表明孝顺之心，献祭丰盛祭品愿祖先享用。这段祝辞虽已经表明对祖先神灵的尊敬之情，但没有看到祈求赐福的语句。第二则嘏辞是象征神主的尸命祝传达神灵对主人的祝福，表明享受祭祀的祖先会致福于孝顺的后代，会使其享受上天的福禄，田地有好的收成，会长命百岁，后世子孙绵延不绝。明显是对主人祝福祈求之辞的回应，也是祭者拜祭祖先所要实现的愿望。

《诗经》中的祝嘏之辞较多，《楚茨》、《既醉》、《信南山》、《大田》等很多祭祀内容的诗篇都包含祝嘏之辞。如《楚茨》：

---

① 《仪礼注疏》，第2604、2607页。

楚楚者茨，言抽其棘。自昔何为？我蓺黍稷。我黍与与，我稷翼翼。我仓既盈，我庾维亿。以为酒食，以享以祀，以妥以侑，以介景福。

济济跄跄，絜尔牛羊，以往烝尝。或剥或亨，或肆或将。祝祭于祊，祀事孔明。先祖是皇，神保是飨。孝孙有庆，报以介福，万寿无疆。

执爨踖踖，为俎孔硕。或燔或炙。君妇莫莫，为豆孔庶。为宾为客，献酬交错。礼仪卒度，笑语卒获。神保是格，报以介福，万寿攸酢。

我孔熯矣，式礼莫愆。工祝致告："徂赉孝孙。苾芬孝祀，神嗜饮食。卜尔百福，如几如式。既齐既稷，既匡既敕。永锡尔极，时万时亿。"

礼仪既备，钟鼓既戒。孝孙徂位，工祝致告："神具醉止"，皇尸载起。鼓钟送尸，神保聿归。诸宰君妇，废彻不迟。诸父兄弟，备言燕私。

乐具入奏，以绥后禄。尔殽既将，莫怨具庆。既醉既饱，小大稽首："神嗜饮食，使君寿考。孔惠孔时，维其尽之。子子孙孙，勿替引之。"[①]

这是周代秋冬祭祀祖先的乐歌，《毛序》："《楚茨》，刺幽王也。政烦赋重，田莱多荒，饥馑降丧，民卒流亡，祭祀不飨，故君子思古焉。"认为是诗人讽刺周幽王政治失当，国家丧乱，民不聊生的诗。而吕祖谦《东塾读诗记》评价与此相反，"《楚茨》极言祭祀事神受福之节，观其威仪之盛，物品之丰，所以交神明，逮群下至于受福无疆者，非德盛政修何以致之！"[②] 从该诗的内容来看，吕祖谦

① 程俊英、蒋见元著《诗经注析》，中华书局 1991 年版，第 656—662 页。
② 同上，第 655—656 页。

的看法比较贴近诗的原意。作为祭祀诗，诗中包含了祝辞和嘏辞，如"我黍与与，我稷翼翼。我仓既盈，我庾维亿。以为酒食，以享以祀，以妥以侑，以介景福"，这是丰收之后享祀祖先，祈求祖先神灵赐福的诗句；而"徂赉孝孙。苾芬孝祀，神嗜饮食。卜尔百福，如几如式。既齐既稷，既匡既敕。永锡尔极，时万时亿"和"神嗜饮食，使君寿考。孔惠孔时，维其尽之。子子孙孙，勿替引之"是祖先神灵赐福子孙后代的嘏辞，整个诗篇充满祭祀之后获得祖先福佑的欢快气氛。

在先秦传世文献中，祝嘏之辞的数量很少，很难反映周代祭祀活动中祝嘏的原貌，真正具有代表性的是周代铜器铭文中记载的大量祝嘏之辞。

二　周代铜器铭文中的祝嘏辞及其文体特征

在现存一万六千多件先秦有铭文的铜器中，殷商时期铭文总体数量较少，绝大多数属于周代。殷商铜器上铸刻铭文字数较少，一般为三五字，至多几十字；周代铭文篇幅大大增加，字数较多，二十字以至几百字的铭文较为常见。殷商铭文主要是祭祀铭文，祭祀的对象是天地神灵和死去的先王先公。周代铭文在继承祭祀神灵祖先内容的同时，更多的内容用来记载赏赐、册命、训诰、媵辞、诏令、律令以及记载国家或家族中的大事等现实的社会生活。铭文中的祝嘏辞也主要存在于祭祀类铭文之中，其他类别的铭文也有所涉及，但数量不多。祭祀类铭文大多包括祝嘏之辞，祝嘏已经成为此类铭文的重要内容和组成。

殷商中期出现的铭文多通过青铜纹饰和文字共同表达对祖先神灵的敬畏，主要目的是祭祀，铭文内容简单，如司母戊方鼎，铭文仅有"司母戊"三字,"司"意为"祠",表明制作此器是为了祭祀"母戊"①。殷墟中期的妇好方鼎仅有"妇好"二字,意为此器是祭祀"妇好"而作②。帝辛时期的"宰椃角"用三十字的篇幅记载商王赐宰椃五朋贝,说明作器的目的是"用作父丁尊彝"③,其他如"作册般甗"的"用作父己尊","小臣邑斝"的"用作母癸尊彝"等的内容相类似,都是器主受到赏赐后铸造祭器告慰祖先。值得注意的一个现象是在这些铭文中经常出现各种祭祀,如"宰椃角"铭文的末尾为"才六月,隹王廿祀羽又五。"④"羽"即羽日,一种祭祀的名称,是周祭之一。"小臣邑斝"铭文中有"隹王六祀,肜日才四月","肜"即肜祭,祭之又祭称为肜,又祭之日为肜日。这些祭祀与赏赐臣下相联系,并且在铭文中常常作为时间和历史坐标的形式出现,可见祭祀在殷商社会的地位和影响力非同一般。殷商时期的铭文中尚未出现祝辞和嘏辞,可能铭文的作者主观上还没有想把祝嘏记载下来,或是简短的铭文还不适合过于详细的关注祭祀中的言辞。

西周时期铭文篇幅逐步增加,几十字乃至几百字的铭文十分常见。铭文的表现内容更加丰富,铭文中祝嘏辞出现的频率逐渐增多,很多铭文的末尾载有祝嘏辞。根据上文的分析,祝嘏辞包括祈求和赐福两类内容,祈求对象比较固定,一般以祖先为主,部分涉及天神。如:

也曰:"拜頴首,敢肈(擎)邵(昭)告:朕吾考令乃鵬(嬗)沈子乍級于周公宗,陟二公,不敢不級。休同公克成妥

① 马承源《商周青铜器铭文选》(三),第1页。
② 同上,第2页。
③ 同上,第5页。
④ 同上。

（绥）吾考叀于顯顯（晏晏）受令。乌虖（呼）！佳考取又念自先王先公，逎妺（末）克衣告刺（烈）成工（功）。叡！吾考克渊（温）克，乃沈子其顯裹（怀）多公能福。乌虖（呼）！乃沈子妺（末）克蔑见猒（厌）于公，休沈子肈戠叡贮嗇（积）。乍丝（兹）簋，用龏卿（飨）己公，用各（恪）多公，其乩哀（爱）乃沈子也唯福，用水（赐）霝（零）令，用妥（绥）公唯寿。也用裹（怀）妖（整）我多弟子我孙，克又（有）井（型）戠（效）。致（懿）父匜□子。"（沈子也簋盖）①

佳五月初吉壬申，梁其乍尊壶，用享孝于皇且考，用庶（祈）多福眉寿，永令无疆，其百子千孙永宝用。其子子孙孙永宝用。（梁其壶）②

甹（叔）向父禹曰：余小子司（嗣）朕皇考，肈帅井（型）先文且，共（恭）明德，秉威义（仪），用龥圉恪夐（奠）保我邦我家，乍朕皇且幽大甹（叔）尊簋，其才上，降余多福繇釐，广（光）启禹身，勖（擢）于永令。禹其迈（万）年永宝用。（叔向父禹簋）③

……用乍朕皇考癸公尊鼎，用享孝于文申（神），用匂眉寿。此其万年无疆，昤（畯）臣天子，霝冬（终），子子孙永宝用。（此鼎）④

虢甹（叔）旅曰：不显皇考叀甹（叔），穆穆秉元明德，御于氐辟，擧（得）屯（纯）亡敃。旅敢啓（肈）帅井（型）皇考威义（仪），□御于天子，卣（由）天子多易旅休。旅对天子鲁休扬，用乍朕皇考叀甹（叔）大林蘲龢钟。皇考严才

---

① 马承源《商周青铜器铭文选》（三），第56页。
② 同上，第276页。
③ 同上，第285页。
④ 同上，第293页。

上，异（翼）才下，歔歔龥龥，降旅多福。旅其万年子子孙孙永宝用享。（虢叔旅钟）①

井人妄曰：覞（覞）盄（淑）文且皇考，克质（哲）氒德，責（得）屯（纯）用鲁，永冬（终）于吉，妄不敢弗帅用文且皇考，穆穆秉德。妄啬啬（宪宪）圣趚，霎处处宗室。肆妄乍鯀父大蕾钟，用追孝侃前文人，前文人其严才上，歔歔龥龥，降余厚多福无疆。妄其万年子子孙孙永宝用享。（井人妄钟）②

余择氒吉金，以作氒元配季姜之祥器，铸兹宝簠，以享以孝，于大宗皇祖皇妣皇考皇母，用匄永命，眉寿万年。（陈逆簠）③

用作朕皇祖考尊簠，用享孝于前文人，用祈匄眉寿永命，畯臣天子，零终。（追簠）④

铭文中祭者祈求的对象被称为"吾考"、"先王"、"先公"、"皇考"、"皇母"、"皇且考"、"文且"、"文人"等，这些都是作器者的先祖。"考"，《礼记·曲礼》："生曰父曰母、曰妻，死曰考、曰妣、曰嫔。"《尔稚·释亲》："父为考，母为妣"则"吾考"是指作器者已故的父亲。"皇考"含义较为复杂，一是指对已故曾祖的尊称。《礼记·祭法》："曰皇考庙。"孔颖达疏："曰皇考庙者，曾祖也。"二是父祖的通称。《诗·周颂·雝》："假哉皇考，绥予孝子。"孔颖达疏："考者，盛德之名，可以通其父祖……此与《闵予小子》非曾祖，亦云皇考者，以其散文取尊君之义，故父祖皆得称之。"三是对死去父亲的尊称。《礼记·曲礼下》："祭……父曰皇考，母曰皇

----

① 马承源《商周青铜器铭文选》（三），第297页。
② 同上，第272页。
③ 徐中舒《金文嘏辞释例》，《徐中舒历史论文选》中华书局1998年版，第510页。
④ 同上，第508页。

妣。"《楚辞·离骚》:"帝高阳之苗裔兮,朕皇考曰伯庸。"王逸注:"皇,美也;父死称考。"在铭文中一般为后两种含义。"文且"、"文人"中的"文"是文德之意。古代把有文德的先祖称为"文祖"或"文人",《书·文侯之命》:"汝肇刑文武,用会绍乃辟,追孝于前人。"孔传:"使追孝于前文德之人。"《诗·大雅·江汉》:"釐尔圭瓒,秬鬯一卣,告于文人。"郑玄笺:"告其先祖诸有德美见记者。"孔颖达疏:"汝当受之以告祭于汝先祖有文德之人。"马瑞辰通释:"文人,犹云文祖、文父、文考耳……文人亦追自称其先祖。此诗'文人',传、笺俱指穆公之先人,甚确。"这些故去的先人,是祭者祝祷祈求的对象,在祭祀者看来,这些神灵作为祭者的祖先,定会接受后人的祭拜,并倾听他们的祈求,祭者希望自己的祖先面对孝顺的后代、丰盛的祭品、虔敬而谦卑的祝辞,一定会尽其所能保佑后代。无论在祭祀中还是在铭文中特别强调作为子孙的"孝",只有子孙尽到孝道,才会得到祖先神灵的认可。

祖先之外的天神也是祈匄的对象。如:

> 唯正月吉日丁酉,邾(徐)王义楚择余吉金,自酢(作)祭鍴(觯),用享于皇天,及我文攷(玫、考),永保忩(台)身,子孙宝。(邾王义楚觯)[1]
>
> 唯王九月,初吉庚午,曾伯霖(漆)哲圣元武,……余择其吉金黄镥(铝),余用自乍(作)旅簠,以征以行,用盛稻粱,用孝用享于我皇祖、文考,天睗(赐)之福,曾伯霖(漆)段(遐)不黄耇、迈(万)年,眉寿无疆,子子孙孙,永宝用之享。(曾伯漆簠)[2]

---

① 《殷周金文集成》,中华书局2007年版,第3862页。
② 同上,第3009页。

唯皇上帝百神，保余小子。①

以上三器为祭器，作器者或同时向天神、祖先祈福，或直接向天神祈愿。在周代还有大量为生人制作的媵器、养器，这些铜器中铸刻的铭文也有祝嘏辞，它们的祈求对象没有直接说明，徐中舒认为，"凡此为生人作器而因以祈福，其祈求之对方，已非其祖先，乃为广泛之天神。"② 如：

> 黄大子伯克作仲嬴□媵盘，用祈眉寿，万年无疆。（黄大子伯克盘）③

作器者祈求的内容为"福"、"寿"以及"子孙万年"，这些也同时是神灵赐福的内容。铭文中常用"多福眉寿"、"永令无疆"、"用祈眉寿"、"万年无疆"、"多福无疆"、"万年子孙"等词语表示祝嘏的内容。如：

> 用乍朕皇且公白孟姬尊簋，用匄多福，眉寿无疆，永屯（纯）需冬（终）。子子孙孙其永宝用享。（不簋敦）④
>
> 用乍尊鼎，用享于朕剌（烈）考，用割（匄）眉寿，万年子孙永宝用。（无叀鼎）⑤
>
> 用乍朕皇考叔硕父尊鼎，用旛（祈）匄眉寿鬟（绰）𦈈（绾），永令，需冬（终）。子子孙孙永宝用。（山鼎）⑥

---

① 徐中舒《金文嘏辞释例》，《徐中舒历史论文选》，中华书局 1998 年版，第 506 页。
② 同上，第 507 页。
③ 同上。
④ 马承源《商周青铜器铭文选》（三），第 310 页。
⑤ 同上，第 313 页。
⑥ 同上，第 314 页。

蠡其用追孝于其皇考，用易眉寿黄耇霝冬（令终），其迈（万）年子子孙孙永宝用享。（曾仲大父蠡簋）①

铭文中祖先与天神赐福的对象为致祭者及其后世子孙，赐福的内容也即祈求的内容。徐中舒认为"盖祝与嘏其辞并无显著差别，主人以是祝者，尸即以是酢之，统为祝福之辞也。"②如果仅从祝辞与嘏辞的内容来分析，二者的确有许多共通之处，特别是用来表现祈求和赐福的词语很多是相同的，这很容易造成祝辞与嘏辞的交叉融合、祝嘏一体的假象。徐中舒认为"金文嘏辞虽非祭祀时所用，但此类器物，大半均为祭器。故铭文多述为父祖作器，而继以祈句之辞；或述其父祖功德，而申以赐降之文。祈句实与祝意相当，锡降则与嘏辞无异。谓为祝嘏，似无不可。"认为铭文中祝嘏一体成为常例，不应加以区分，或者说本身就是兼有祝与嘏的双重身份，这种观点很有见地。表面上看来铭文中祝嘏辞绝大多数表达的是祈句之意，是器主希望祖先与天神能够赐予自己尽量多的福寿等，如：

内（芮）白（伯）多父乍宝簋，用享于皇且文考，用易眉寿，其万年子子孙孙永宝用享。（芮伯多父簋）③

稣（苏）公子癸父甲乍尊簋，其万年无疆，子子孙孙永宝用享。（苏公子癸父甲簋）④

虢季氏子綅（组）乍簋，其万年无疆，子子孙孙永宝用享。（虢季氏子组簋盖）⑤

隹正月初吉丁亥，蔡弔（叔）季之孙賮朕（縢）孟臣

① 马承源《商周青铜器铭文选》（三），第331页。
② 徐中舒《金文嘏辞释例》，《徐中舒历史论文选》，第502—503页。
③ 马承源《商周青铜器铭文选》（三），第350页。
④ 同上，第351页。
⑤ 同上，第354页。

（姬）有止嬭彊盘，用籲（祈）眉寿，迈（万）年无疆，子子孙孙永宝用之。匜（匜）。（蔡賔匜）①

佳正六月初吉丁亥，上都府霥（择）其吉金，铸其鷺（鳟）籃，毄（其）眉寿无記（期），子子孙孙永宝用之。（上都府籃）②

正月庚午，嘉曰：余贛（郑）邦之产，少去母父，乍铸飤器黄鐌（镬）。君既安甴（惠），亦弗其迲（坠）隻（蒦）。嘉，是佳哀成卲（叔）。哀成卲（叔）之鼎永用窜祀，死于下土，台（以）事康公，勿或能佁（怠）。（哀成叔鼎）③

在以上诸器中，祈求神灵祖先的佑护与赐福在不断被重复。"芮伯多父籃"中"用易眉寿"是芮伯多父祈求皇祖文考赐予自己长寿，"其万年子子孙孙永宝用享"中的"其"，王引之《经传释词》卷五："其，拟议之词也。"又"其，犹将也，犹尚也，犹若也。"铭文中作器者希望通过自己祭祀祖先，表明孝心，祖先将会赐予子孙后代昌盛永远，后世子孙也会千年万年珍藏此器以用来享孝先祖。这里的"眉寿"、"万年"、"永宝用"等是作器者的向祖先的真诚诉求，是希望，其他各器铭文中的"万年无疆"、"眉寿无期"等也是祈求之意。

"虢姜籃"的铭文祝辞与嘏辞并列，二者的区分也较为明显：

虢姜乍宝尊籃，用禅追孝于皇考更（惠）中（仲），籲（祈）匄康嬲（娱）、屯右（祐）、通录（禄）、永令。虢姜其万

---

① 马承源《商周青铜器铭文选》（三），第402页。
② 同上，第418页。
③ 同上，第500页。

年眉寿，受福无疆，子子孙孙永宝用享。（虢姜簋）①

　　铭文的前半部分是祝辞，后半为嘏辞。"虢姜乍宝尊簋，用禅追孝于皇考惠仲"说明虢姜簋是作器者虢姜为祭祀皇考惠仲而作，以表明自己孝行。"祈匄康娱、屯祐、通禄、永令"是虢姜向先父的祈求，请求先父的神灵能够保佑获得"康娱、屯祐、通禄、永令"；铭文的后半强调神对虢姜的赐予，首先是"其万年眉寿"，虢姜在神灵的佑护下将会获得长寿万年；其次"受福无疆"，"受"意为授，是神的赐予，神灵授予虢姜无边之福。"子子孙孙永宝用享"中"子子孙孙"本身就有子孙后代绵延不绝之意，"永宝用享"，又再次强调家族血脉的永久。后半部分的内容实际是对前半部分的回应，很好的体现了求与赐的一致性。如果把铭文中后半部分中的"虢姜"删去，再来看整个铭文：

　　　　虢姜乍宝尊簋，用禅追孝于皇考惠仲，祈匄康娱、屯祐、通禄、永令。其万年眉寿，受福无疆，子子孙孙永宝用享。

就变成与其他铭文一样，在内容上以祈求为主，赐福的含义很难体现出来，由此可以看出，很多看上去单一祈求为主的铭文实际上是包含有嘏辞的成分，只不过仅从字面上分析时很容易被忽视。

　　周代铜器铭文中祝嘏的内容在稳定的同时，形式上也渐趋相对定型。总体上铭文中的祝嘏可以分为直接引用作器者话语型和单一叙述型两种。直接引用作器者话语是指整个铭文皆为作器者言辞，包括祝辞和嘏辞的内容都由作器者叙述；而叙述型是指从第三者的视角叙说作器的目的，其中也包括祝辞和嘏辞。这两种类型根据内

---

① 马承源《商周青铜器铭文选》，第355页。

容是否完整又可以分为繁、简两类。我们以“梁其”系列铜器铭文为例说明：

梁其曰：不显皇且考穆穆异异（翼翼）克悊（哲）氒德，農（农）臣先王，得屯（纯）亡敃，梁其肇帅井（型）皇且考秉明德，虔夙夕，辟天子，天子肩事（使）梁其身邦君大正，用天子宠蔑梁其历，梁其敢对天子不显休扬，用乍朕皇且考龢钟，鎗鎗鏓鏓鈇鈇（徵徵）鏞鏞，用卲（昭）各（格）喜侃（侃）前文人，用旛（祁）匄康龢（娱）屯（纯）右（祐），綽（绰）綰（绾）通录（禄）。皇且考其严（俨）才上，數彙彙數，降余大鲁福亡昊（斁），用寵光梁其身，勵（乐）于永令，梁其万年无疆，龕（堪）臣皇王，眉寿永宝。（梁其钟）

善（膳）夫梁其乍朕皇考惠中（仲）、皇母惠妣尊簋，用追享孝，用匄眉寿，眉寿无疆，百字（子）千孙，子子孙永宝用享。（梁其簋）

隹五月初吉壬申，梁其乍尊鼎，用享孝于皇且考，用旛（祈）多福，眉寿无疆，畯（畯）臣天子。其百子千孙，其万年无疆，其子子孙孙永宝用。（梁其鼎）

白（伯）梁其乍旅盨，用享用孝，用匄眉寿多福，畯（畯）臣天子，万年唯亟（极），子子孙孙永宝用。（梁其盨）

隹五月初吉壬申，梁其乍尊壶，用享孝于皇且考，用旛（祈）多福眉寿，永令无疆，其百子千孙永宝用。其子子孙孙永宝用。（梁其壶）①

梁其系列铜器包括钟、鼎、簋、盨、壶等，据传1940年出土于陕

① 马承源《商周青铜器铭文选》（三），第273—276页。

西省扶风县境内，为西周夷王或厉王时器。梁其钟的铭文共有 147
字，是该系列铜器中字数最多的一件，也是表意也是最完整的。该
铭以"梁其曰"开始，整篇铭文都是引用梁其的一段话。直接在铭
文中引用人物言辞在殷商时期的铭文中很少见，到了周代，铭文中
的人物言辞才逐渐出现，主要在训诰铭文或册命铭文中出现，如西
周成王时期何尊的铭文：

> 隹王初鬵（雍）宅于成周，复禀珷王豐（礼）福自天，才
> 四月丙戌，王裏（诰）宗小子于京室，曰："昔才尔考公氏克
> 逨（弼）玟王，肆玟王受兹 大令 。隹珷王既克大邑商，则廷
> 告于天，曰：'余其宅兹中或（国），自之辪（乂）民'乌乎！
> 尔有唯（虽）小子亡（无）戠（识），覗于公氏有爵（恪）于
> 天，叡（徹）令苟（敬）享戈（哉）。"重（惟）王龔（恭）德
> 谷（裕）天，顺（训）我不每（敏）。王咸裏（诰），何易贝卅
> 朋，用乍 囤 公宝尊彝。隹王五祀。（何尊）[①]

何尊铭文共存 119 字，其中周王的训诰就有近 80 字的篇幅，整篇铭
文是以记载周王的言辞为主，可见此时人们对言辞的重视程度已经大
大加强，并且有意识在铭文铸刻中加入认为重要的言辞。周代铭文中
记录人物言辞较多的是册命铭文，如周懿王时"师虎簋"的铭文：

> 隹元年六月既望甲戌，王才杜宜（居），各（格）于大室。
> 井白（伯）内（入）右师虎，即立中廷，北卿（向）。王乎
> （呼）内史吴曰："册令虎。"王若曰："虎，载（载）先王既令
> 乃取（祖）考事，啻（适）官嗣左右戏緐（繁）荆。今余隹帅

---

① 马承源《商周青铜器铭文选》（三），第 21 页。

> 井（型）先王令，令女（汝）更（赓）乃取（祖）考，啻
> （适）官嗣左右戏繇（繁）荆，苟（敬）夙夜勿瀍（废）朕令。
> 易女（汝）赤舄，用事。"虎敢拜頴首，对扬天子不坏鲁休，
> 用乍朕剌（烈）考日庚尊簋。子子孙孙其永宝用。（师虎簋）①

这则铭文记载周王册命师虎的整个过程，包括周王册命的时间、地点、协助册命官员等，特别值得注意的是铭文直接引用周王的言辞。周王回顾师虎的祖先侍奉先王左右，希望师虎继承祖先职业，恭敬从事。册命铭文中记载的人物言辞多是册命文的内容，通过负责册命的官员宣读，受册命者把册命的内容铸刻在青铜器上以示敬重，也可以在祭祀时献祭祖先神灵。

直接引用作器者言辞的铭文中，"梁其钟"铭文可以作为代表。该铭的内容可以分为祈求和赐福两部分，"皇且考其俨才上"之前，作器者梁其先颂扬皇祖考美善恭敬的德行，勤勉侍奉先王，并说明自身也以皇祖考为效仿典范，修德敬业，受到周天子的赞赏并委以重任；因此梁其铸造此钟以铿锵悦耳的钟声来通达祖先，并用来祈求康乐和常福，这部分就是向祖先祈匄的内容。从"皇且考其俨才上"至文末是说梁其的皇祖考在天上的神灵听到梁其的颂德后降下盛大的福禄，使梁其受到荣宠，并保佑其长寿，可以长久侍奉天子。由于铭文是直接引用作器者的话，所以文中有第一人称"余"出现。

"梁其簋"的铭文也是以作器者梁其的视角叙述作器的目的，表面上虽然没有"梁其曰"那样明显的引用标志，但在叙述的语气上显露来第一人称的叙事特点，如铭文首句"膳夫梁其乍朕皇考惠仲"用了"朕"一词，很明显，该铭是记录作器者梁其的话。又如"不簋敦"：

---

① 马承源《商周青铜器铭文选》（三），第168页。

用乍朕皇且公白孟姬尊簋，用匄多福，眉寿无疆，永屯
（纯）霝冬（终）。子子孙孙其永宝用享。①

该铭与梁其簋铭文情况相同，铭文中也是用第一人称的"朕"表明
作器者与叙述者为同一人。

叙述型铭文在全部铭文中所占比例较大，梁其系列铭文中的
"梁其鼎"、"梁其盨"、"梁其壶"都属于此类。如"梁其盨"，全文
没有出现"余"、"朕"等表示第一人称词语，并且首句"伯梁其乍
旅盨"明显以第三人称方式叙述作器者为"伯梁其"，接着说明作
器的目的是为了获得祖考的赐福，把祈匄和赐福融合在一起。

祝嘏铭文中的繁式铭文是指结构、内容比较完整，包括祝辞和
嘏辞两部分内容的铭文，也可以称为结构完整的祝嘏铭文，其关键
在于铭文包含的信息完整。梁其系列铜器中的"梁其钟"属于此
类，梁其钟无论从结构上还是内容上都很全面，把作器的理由、祈
匄的对象、祖先的功德、祈福的内容、赐福的对象等祝嘏的内容都
全面的表述出来，显得非常正式庄重。

简式铭文是指把祝嘏的内容整合在一起，没有单一独立的祝辞
和嘏辞形式，上文所引梁其系列铜器中"梁其鼎"、"梁其壶"、"梁
其簋"都属于此类，如梁其簋，在叙述作器所要祭祀和乞丏对象之
后，直接表明祈求的内容是表示孝行和追求长寿。在这里，祝辞和
嘏辞的内容都被精炼地融合在一起，"用追孝享，用匄眉寿，眉寿
无疆，百子千孙"四句已经涵盖了所有对祖先神灵的祈匄和神灵的
回馈赐福。更为简单的只是表明作器时祭祀的对象和希望，具体的
祈求内容都加以省略，如"白公父"系列铭文：

---

① 马承源《商周青铜器铭文选》（三），第310页。

> 白公父乍旅𥂴，子子孙孙永宝用。（白公父𥂴盖）
>
> 白公父乍叔姬醴壶，万年子子孙孙永宝用。（白公父壶盖）
>
> 白公父乍金爵，用献、用酌、用享、用孝于朕皇考；用𧖊（祈）眉寿，子孙永宝用考。（白公父爵）
>
> 白大师小子白公父乍䤾（簠），择之金，佳镛佳卢，其金孔吉，亦玄亦黄。用成（盛）粆（糕）𪏻（稻）需（糯）棨（粱），我用召卿事（士）辟王，用召者（诸）考者（诸）兄，用𧖊（祈）眉寿，多福无疆，其子子孙孙永宝用享。（白公父簠）①。

白公父系列铜器分别于1976、1977年于陕西省扶风县出土，应属于西周孝王时代。"白公父𥂴盖"的铭文十分简单，如果仅从字面意思解释，该铭的意思是说白公父制作此𥂴，希望子孙后代永远珍藏使用，"白公父壶盖"的铭文亦是如此。但是我们结合"白公父爵"、"白公簠"两器的铭文考察，就可以发现事实并非如此，"白公父爵"的铭文明确提出作器的目的是为了"用献、用酌、用享、用孝"，这些行为的对象都是自己的祖考，也是祭祀和祈求的对象；同时祈求的内容也很明确的提出来，即"用祈眉寿"，"白公父簠"铭文的内容更为详尽。从这两则铭文我们可以看出，前两则铭文是一种省略，是一种基于对铭文基本内容和作用共同熟识了解之后的更为简洁的表达方式。

铭文中的祝嘏辞在长期运用过程中形成了一些相对固定的词语来表明祈匄和赐福，这些词语逐渐发展成为祝嘏辞的形式特征和标志。表示长寿的词语"眉寿"、"寿考"、"寿老"等，表示福禄的词语"多福"、"永命"、"永福"、"万福"等，与"万年"、"无期"、"无疆"等表示时间永久的词语相组合，共同构成"多福无疆"、

---

① 马承源《商周青铜器铭文选》（三），第219—220页。

"眉寿无疆"等固定用语，或者这些的词语相互交叉组合成"永命多福"、"眉寿多福"等固定用语，表达祈匄赐福之意。

三　祝嘏之辞的发展流变

先秦的祝嘏之辞在后世经过祝史以及文人的创造，有很大的发展，从秦汉至明清出现了众多的祝辞，继承先秦祝文基本特性的同时，在内容、形式以及美学意义上都有重要的创新。在周代社会发生较大影响的铜器铭文中的祝嘏之辞，在后世呈现衰微趋势，但仍然对后世的祝文有深刻影响，与其他各类祝文一起在社会生活中继续发挥着重要作用。

周代铭文中的祝嘏之辞应属于"吉祝"的范畴，是在"造祭"之中宣读的"祷辞"。周代祝官的职责是很广泛的，按照《周礼》，大祝负责"掌六祝之辞，以事鬼神示，祈福祥，求永贞。"具体包括"顺祝"、"年祝"、"吉祝"、"化祝"、"瑞祝""筴祝"等六个类别。贾公彦："云'掌六祝之辞'者，此六辞，皆是祈祷之事，皆有辞说以告神，故云六祝之辞。云'以事鬼神示'者，此六祝，皆所以事人鬼及天神地祇。云'祈福祥，求永贞'者，祷祈者，皆所以祈福祥、求永贞之事。"[①] 大祝的职责根据内容可以细分为六个不同的类别，具体内容，郑司农云："顺祝，顺丰年也。年祝，求永贞也。吉祝，祈福祥也。化祝，弭灾兵也。瑞祝，逆时雨、宁风旱也。筴祝，远罪疾。"[②] 六祝的共同之处为"祈福祥，求永贞"，这是祝官的职责所在，也是设立祝官的目的。铭文中祝嘏内容比较固定，是以祈求神灵赐福为主，应属于"六祝"之中以"祈福祥"为职责的"吉祝"。

---

① 《周礼注疏》，北京大学出版社 1999 年版，第 658 页。
② 同上。

"六祝"是祝的类别，祝的行为要通过具体的祭祀来实现，即"六祈"，《周礼》云："掌六祈以同鬼神示，一曰类，二曰造，三曰禬，四曰禜，五曰攻，六曰说。"郑注："祈，嘄也，谓为有灾变，号呼告于神以求福。天神、人鬼、地祇不和，则六疠作见，故以祈礼同之。"从郑玄的解释可以看出，"六祈"是祝向神灵呼告的手段，也是与神灵沟通交流的凭借，这种方式就是通常所说的祭祀。对此郑司农云："类、造、禬、禜、攻、说，皆祭名也。"可谓说出"六祈"的实质，从中我们也可以看出，不同祭祀与不同的祈求目的相对应。郑司农云："类祭于上帝。《诗》曰'是类是祃'，《尔雅》曰：'是类是祃，师祭也。'又曰'乃立冢土，戎丑攸行'，《尔雅》曰：'起大事，动大众，必先有事乎社而后出，谓之宜。故曰'大师宜于社，造于祖，设军社，类上帝'。《司马法》曰：'将用师，乃告于皇天上帝、日月星辰，以祷于后土、四海神祇、山川冢社，乃造于先王，然后冢宰征师于诸侯曰：某国为不道，征之，以某年某月某日，师至某国。'禜，日月星辰山川之祭也。《春秋传》曰：'日月星辰之神，则雪霜风雨之不时，于是乎禜之；山川之神，则水旱疠疫之灾，于是乎禜之。'"从郑司农认为"六祈"中的"类"为上帝之祭，"禜"为日月星辰山川之祭，造为先王祖先之祭。郑司农对六祈注释并不完整，缺少"攻"、"说"、"禬"。郑玄解释较为完整："类造，加诚肃，求如志。禬禜，告之以时有灾变也。攻说，则以辞责之。禜，如日食以朱丝萦社，攻如其鸣鼓然。董仲舒救日食，祝曰'炤炤大明，瀺灭无光，奈何以阴侵阳，以卑侵尊'。是之谓说也。禬，未闻焉。造类禬禜皆有牲，攻说用币而已。"[1]

"六祈"要与"六辞"相配合。《周礼》："作六辞以通上下亲疏远近，一曰祠，二曰命，三曰诰，四曰会，五曰祷，六曰诔。"[2] 关

---

① 《周礼注疏》，北京大学出版社 1999 年版，第 659 页。
② 阮元校刻《周礼注疏》，第 1747 页。

于"六辞"的含义，郑司农云："祠当为辞，谓辞令也。命，《论语》所谓为命裨谌草创之。诰，谓《康诰》、《盘庚之诰》之属也。盘庚将迁于殷，诰其世臣卿大夫，道其先祖之善功，故曰以通上下亲疏远近。会，谓王官之伯，命事于会，胥命于蒲，主为其命也。祷，谓祷于天地、社稷、宗庙，主为其辞也。《春秋传》曰，铁之战，卫大子祷曰：'曾孙蒯聩敢昭告皇祖文王、烈祖康叔、文祖襄公：郑胜乱从，晋午在难，不能治乱，使鞅讨之。蒯聩不敢自佚，备持矛焉。敢告无绝筋，无破骨，无面夷，无作三祖羞。大命不敢请，佩玉不敢爱。'若此之属。诔，谓积累生时德行，以锡之命，主为其辞也。《春秋传》曰：'孔子卒，哀公诔之曰：闵天不淑，不愁遗一老，俾屏余一人以在位，茕茕予在疚。呜呼哀哉尼父！无自律。'此皆有文雅辞令，难为者也，故大祝官主作六辞。或曰诔，《论语》所谓'《诔》曰：祷尔于上下神祇'。"郑玄的解释较为精炼："一曰祠者，交接之辞。《春秋传》曰'古者诸侯相见，号辞必称先君以相接'。辞之辞也。会，谓会同盟誓之辞。祷，贺庆言福祚之辞。晋赵文子成室，晋大夫发焉。张老曰：'美哉轮焉！美哉奂焉！歌于斯，哭于斯，聚国族于斯。'文子曰：'武也得歌于斯，哭于斯，聚国族于斯，是全要领以从先大夫于九京也。'北面再拜稽首，君子谓之善颂善祷。祷是之辞。"① 经过二郑的分析，"六辞"之中"祷于天地、社稷、宗庙"的"祷辞"符合周代铜器铭文中祝嘏之辞的特征。《左传》中卫太子蒯聩祷告的对象是自己的祖先"皇祖文王、烈祖康叔、文祖襄公"，祈求的内容是"无绝筋，无破骨"等身体的安康，属于希望祖先之神赐福佑护，这也正与铭文中祈求祖先赐福的内容相同。

　　历代文章总集和文体分类著作对于祝嘏辞的分类标准不一致，

---

①　阮元校刻《周礼注疏》，第 1747 页。

对祝嘏辞的重视程度也不同，《文选》中没有收录祝嘏辞，相近的文体只有吊文和祭文，如贾谊《吊屈原文》、严延年《祭屈原文》等；刘勰《文心雕龙》专设"祝盟"篇，对祝文的发展源流进行概括；《文苑英华》的文体分类中未单设祝文，而是把祝嘏辞归入"祭文"中的"神祠"类，收入的作品如柳宗元《祭桂州城隍神祝文》等，在文体上还是把祝文看作祭文。虽然在"记"中设立"祈祷"类，但也与祝嘏辞无关。《唐文萃》、《古文辞类纂》、《经史百家杂钞》等都未单设"祝文"；比较重视祝文的如《元文类》单设"祝文"，《宋文苑》有"祈谢文"。对祝嘏辞分类较为详细的是徐师曾的《文体明辨》、贺复征的《文章辨体汇选》和吴曾祺《涵芬楼古今文钞》，如《文体明辨》设"祝册"、"祝颂"、"祝文"、"嘏辞"四类；《涵芬楼古今文钞》设"祝"和"祝嘏文"两类；《文章辨体汇选》根据《周礼》，设"祝文"一类，并把祝文分为"告辞"、"修辞"、"祈辞"、"报辞"、"嘏辞"、"冠昏辞"、"玉牒、青词、叹佛、叹道"、"上梁文"等八个小类，分类甚为详尽。

铭文祝嘏之辞实际就是铭刻在铜器上的祷辞，只不过祈祷的内容仅限于作器者及家族的福禄与永存。先秦时期主要应用于铜器铭文中的祝嘏辞在战国以后继续在祭祀中发挥重要作用，载体由铜器转变为简帛、碑石以及纸张等，内容和形式也发生了一定的变化。吴讷《文章辨体序说》："古者祀享，史有册祝，载其所以祀之之意，考之经可见。若《文选》所载谢惠连之祭古冢，王僧达之祭颜延年，则亦不过叙其所祭及悼惜之情而已。迨后韩、柳、欧、苏，与夫宋世道学诸君子，或因水旱而祷于神，或因丧葬而祭亲旧，真情实意，溢出言辞之表，诚学者所当取法者也。大抵祷神以悔过迁善为主，祭故旧以道达情意为尚。"[1] 徐师曾云："按祝文者，飨神

––––––––––

[1] （明）吴讷《文章辨体序说》，第54页。

之词也，刘勰所谓：'祝史陈信，资乎文辞'者，是也。昔伊祁始蜡以祭八神，其辞云：'土返其宅，水归其壑，昆虫毋作，草木归其泽。'此祝文之祖也。厥后虞舜祠田，商汤告帝，《周礼》设太祝之职，掌六祝之辞。春秋已降，史辞浸繁，则祝文之来尚矣。考其大旨，实有六焉：一曰告，二曰脩（脩，常祀也），三曰祈（求也），四曰报（谢也），五曰辟（读曰弭，让也，见《郊特牲》），六曰谒（见也），用以飨天地山川社稷宗庙五祀群神，而总谓之祝文。其词有散文，有韵语，今并采而列之。"① "按嘏者，祝为尸致福于主人之辞，《记》所谓'嘏以慈告'者是也，辞见《仪礼》。其他文集不载，唯《蔡中郎集》有之，今备录以备一体"②。

秦代有秘祝之官，职责之中包括祈求神灵赐福之意，可以看作是先秦祷辞的发展。秦代秘祝不得其详，据文献记载，汉承秦制，设立秘祝之官，至汉文帝时废除。《史记·封禅书》："祝官有秘祝，即有灾祥，辄祝祠移过于下。"张守节正义："谓有灾祥辄令祝官祠祭，移其咎恶于众官及百姓也。"③ 可见秘祝不在《周礼》六祝之内，设立此官的目的是保护帝王一人，希望神灵把灾祸转移给臣子或百姓。汉文帝十三年的"增神祠制"和十四年的"增祀无祈诏"都是针对秘祝而发：

　　朕即位十三年于今，赖宗庙之灵，社稷之福，方内艾安，民人靡疾。闲者比年登，朕之不德，何以飨此？皆上帝诸神之赐也。盖闻古者飨其德必报其功，欲有增诸神祠。有司议增雍五畤路车各一乘，驾被具；西畤畦畤驹车各一乘，驹马四匹，驾被具；其河、湫、汉水加玉各二；及诸祠，各增广坛场，珪

---

① （明）徐师曾《文体明辨序说》，第155—156页。
② 同上，第156页。
③ 《史记》，第1377页。

币俎豆以差加之。而祝釐者归福于朕，百姓不与焉。自今祝致敬，毋有所祈。（《史记·封禅书》）

朕获执牺牲珪币，以事上帝宗庙，十四年于今，历日弥长。以不敏不明，而久抚临天下，朕甚自愧。其广增诸祀坛场珪币。昔先王远施不求其报，望祀不祈其福，右贤左戚，先民后己，至明之极也。今吾闻祠官祝釐，皆归福于朕躬，不为百姓，朕甚愧之。夫以朕之不德，而专乡独美其福，百姓不与焉，是重吾不德也。其令祠官致敬，毋有所祈。（《汉书·文帝纪》）

这两篇诏书中都指出祕祝仅仅是祈求神灵佑护皇帝一人，当上天有所责罚时，要由大臣或百姓代皇帝受过，即诏书所说的"归福于朕，百姓不与"、"独美其福"，汉文帝不赞同这种行为，因此两次下诏要求祝官敬拜神灵即可，不要有所祈求，这里的祈求应该是指祕祝之事。汉文帝最后还是下诏废除了祕祝，《史记·孝文本纪》："上曰：'盖闻天道祸自怨起，而福繇德兴，百官之非，宜由朕躬，今秘祝之官，移过于下，以彰吾之不德，朕甚不取，其除之。'"虽然现在无法得知秘祝之辞的详情，但是从上述文献之中还是可以大致了解秘祝的内容。秘祝与商汤"桑林祷"有所不同，"惟予小子履，敢用玄牡，告于上天后曰：今天大时，即当朕身。履未知，得罪于上下。有善不敢蔽，有罪不敢赦，简在帝心。万方有罪，即当朕躬。朕躬有罪，无及万方。"商汤的祷辞中希望天帝神灵把罪责归于自身，由自己来承担上天的责罚，恰好秘祝目的相反，因此刘勰《文心雕龙·祝盟》评价说："所以秘祝移过，异于成汤之心。"刘勰所说的"移过"的确可以作为秘祝的标志，这也是与先秦铭文中祝嘏之辞最大的差异。

汉武帝时董仲舒亦作祝辞三首：

救日食祝：焰焰大明，歼灭无光。奈何以阴侵阳，以卑侵尊。

请雨祝：昊天生五谷以养人。今五谷病旱恐不成，敬进清酒膊脯，再拜请雨，雨幸大澍。

止雨祝：诺，天生五谷以养人。今淫雨太多，五谷不和，敬进肥牲清酒，以请社灵，幸为止雨，除民所苦。无使阴灭阳，阴灭阳，不顺于天。天之常意，在于利人。人愿止雨，敢告于社。①

董仲舒这三则祝辞一则为救日食之辞，一则为求雨之祝，一则为止雨之祝，都属于《周礼》"六祈"之中的"禜"祭。在祝辞的内容上，"救日食祝"中"奈何以阴侵阳，以卑侵尊"一句明显带有责备之意，属于《周礼》"六辞"中的"攻说"。"请雨祝"是祈求天神降雨以解干旱之苦，"止雨祝"是进献牺牲以求神灵帮助停止降雨赐福百姓，祝辞之中祈匄赐福之意十分明显，与铭文中祝嘏之辞祈求之意相同。

《全汉文》载有蔡邕祝辞四篇，分别为《告迁都祝嘏辞》、《九祝辞》、《祝祖文》、《祖钱祝》：

《告迁都祝嘏辞》：

嗣曾孙皇帝某，敢昭告于皇祖高皇帝，各以后配。昔受命京师都于长安，国享十有一世，历年二百一十载。遭王莽之乱，宗庙殄坏。世祖复帝祚，迁都洛阳，以服中土，享一十一世，历年一百六十五载。予末小子，遭家不造，早统洪业，奉嗣无疆。关东民吏，敢行称乱，总连州县，拥兵聚众，以图叛逆。震惊王师，命将征服。股肱大臣，推皇天之命，以已行之

---

① 严可均《全上古三代秦汉三国六朝文》，中华书局1958年版，第258页。

事，迁都旧京。昔周德缺而师干作，应运变通，自古有之。于是乃以三月丁亥，来自雒。越三日丁巳，至于长安。敕躬不慎，寝疾旬日，赖祖宗之灵，以获有瘳。吉旦斋宿，敢用洁牲一元大武，柔毛刚鬣，商祭明视，香合嘉蔬香萁，咸醝丰本，明粢醴酒，用告迁来。尚飨！

《九祝辞》：

高皇帝使工祝：承致多福无疆，于尔嗣曾孙皇帝。使尔受禄于天，宜此旧都，万国和同，兆民康乂，眉寿万年。子子孙孙，永守民庶，勿替引之。

《祝祖文》：

元正令子，时惟嘉良，乾坤交泰，太簇运阳，乃祀祖灵，以祈福祥。

《祖饯祝》：

令岁淑月，日吉时良。爽应孔嘉，君当迁行。神龟吉兆，林气煌煌。著卦利贞，天见三光。鸾鸣雍雍，四牡彭彭。君既升与，道路开张。风伯雨师，洒道中央。阳遂求福，蚩尤辟兵。仓龙夹谷，白虎扶行。朱雀道引，玄武作侣。勾陈居中，厌伏四方。往临邦国，长乐无疆。①

蔡邕四篇祝辞各有特点，《告迁都祝嘏辞》是汉末发生动乱被迫迁都长安时，蔡邕代皇帝撰写的告祭先祖的祝辞，属于《周礼》"六祈"中的"造"祭，祝辞中没有祈求内容，只是告知先祖此次迁都的背景，要祖先在天之灵知晓，属于"六辞"中的"诰"辞。《九祝辞》亦为告祭祖先之辞，祈求祖先神灵赐福国家、百姓，与铭文中祝嘏辞内容相同，并且文中运用"多福无疆"、"眉寿万年"、"子

---

① 严可均《全上古三代秦汉三国六朝文》，中华书局1958年版，第899页。

子孙孙"、"勿替引之"等词语，很明显完全继承了周代铭文中祝嘏辞的内容和形式。此外《祝祖文》、《祖饯祝》包含有祈匃之意，但在句式整齐划一，韵律和谐，在周代铭文基础上有很大发展。

汉代以后祝文的祈求对象发生变化，以祈求祖先神为主发展为祈求自然神为主，原来简短的祝嘏辞也扩展为篇幅较长的祝文。如梁江淹《萧太傅东耕祝文》：

> 敬祝先穑曰：摄提方春，黍稷未华。灼烁发云，昭曜开霞。地煦景暖，山艳水波。侧闻农政，实惟民天。竞秬献岁，务畎上年。有浍疏润，兴雨导泉。崇耕巡索，均逸共劳。命彼倌人，税于青皋。羽旗衔蕤，雄戟耀毫。呈典缁耩，献礼翠坛。宜民宜稼，克降祈年。愿灵之降，解佩停銮。神之行兮气为軨，神之坐兮烟为盖。使嘉谷与玄邲，永争光而无沬哉。①

此文为江淹为萧太傅祭祀农神所作的祝文，先穑是指神农氏，文中祈求先穑降福百姓，希望风调雨顺，宜民稼穑。此文语言精炼，用词华丽，如"灼烁发云，昭曜开霞。地煦景暖，山艳水波"。描绘春日山川美景，藻饰文辞，尽显江淹文采。梁代陶弘景所作的《请雨词》则呈现另一种风格：

> 华阳隐居陶弘景、道士周子良词。窃寻下民之命，粒食为本，农工所资，在于润泽。顷亢旱积旬，苗稼焦涸，远近嗷嗷，瞻天雀息，百姓祈请，永无感降。伏闻雨水之任，有所司存，愿哀悯黔首，霈垂沾渥，呵风召云，肤寸而合，使洪潦溢川，水陆咸济，则白鹄之咏，复兴于今，共伸至诚，稽颡陈情，谨词，天监十四

① 严可均《全上古三代秦汉三国六朝文》，中华书局1958年版，第3177页。

年太岁乙未六月二十日词，诣句曲华阳洞天张理禁赵丞前。①

这是陶弘景在天久旱不雨之时所作祈雨之词，虽名为"词"，实则
为文。祝文中先叙粮食为百姓生存之本，而天旱多时，民无所资，
祈求神灵哀悯下民，降雨佑民。此文叙写百姓苦旱之情言辞恳切，
无华丽文辞，文风朴实，但祈求之意甚浓。

北魏道武帝即位时作有《即位告祭天地祝文》：

> 皇帝臣珪，敢用玄牡昭告于皇天后土之灵。上天降命，乃眷
> 我祖宗，世王幽都。珪以不德，纂戎前绪，思宁黎元，龚行天罚。
> 殪刘显，屠卫辰，平慕容，定中夏。群下劝进，谓宜正位居尊，
> 以副天人之望。珪以天时人谋，不可久替，谨命礼官择吉日，受
> 皇帝玺绶。惟神祇其丕祚于魏室，永绥四方。（《魏书·礼志》一）

该文作于天兴元年（公元 398 年），是道武帝迁都平城，即皇帝位
之前祭祀天地神灵而作，文中昭告皇天后土，感谢上天眷顾祖先，
佑护自己，叙述自己评定天下重要经历和臣子劝进过程，最后希望
天地神灵赐福魏国，保佑天下安定。从祝文内容上看，该文属于
"六祈"中的"类"祭，"六辞"中的"诰"辞，最后一句祈祷神灵
佑护，表明其吸收了"祷"辞的内容。

北魏时期李敞曾作《告祭石庙祝文》：

> 天子焘，谨遣敞等用骏足、一元大武敢昭告于皇天之灵。
> 自启辟之初，佑我皇祖，于彼土田。历载亿年，聿来南迁。惟
> 祖惟父，光宅中原。克翦凶丑，拓定四边。冲人纂业，德声弗

---

① 严可均编《全上古三代秦汉三国六朝文》，第 2332 页。

彰。岂谓幽遐，稽首来王。具知旧庙，弗毁弗亡。悠悠之怀，希仰余光。王业之兴，起自皇祖。绵绵瓜瓞，时惟多祜。敢以丕功，配飨于天。子子孙孙，福禄永延。[1]

据《魏书》记载，"魏先之居幽都也，凿石为祖宗之庙于乌洛侯国西北"[2]。"世祖真君四年来朝，称其国西北有国家先帝旧墟"[3]，公元443年，北魏太武帝遣中书侍郎李敞诣石室，告祭天地，并在洞中刻下祭文。本文写作历史背景已经决定了祝文内容以告祭祖先为主，祝文大部分内容是感谢皇天、赞颂祖先功业，最后祈求天神和祖先之灵保佑子孙后代"福禄永延"。

从唐代开始，蕴含祈求之意的祝文主要是通过祭祀天地山川之神以祈雨攘灾，如《全唐文》卷七百五十六载杜牧《祭城隍神祈雨文》二篇，乃杜牧为官之时遭遇旱灾祈求上天降雨之文，此文内容与商汤祷桑林之文相近，如文中有"刺史性愚，治或不至，厉其身可也。绝其命可也。吉福殃恶，止当其身。胡为降旱，毒彼百姓？谨书诚恳，本之于天，神能格天，为我申闻。"[4] 希望神灵能够降福百姓，文中颇有祈求之意。杜牧另有一篇《黄州准赦祭百神文》，后半段为：

牧实遭遇，亦忝刺史，斋斋惕栗，渊谷临坠。视牲启毛，濯爵置幂，不委下吏，肴羞具洁，罔有不备。衣冠待晓，坐以假寐，步及神宇，蹑足屏气。神实在前，敬恭跪起。《诗》不云乎？"皇天上帝，伊谁云憎。"天憎罪人，天可指视，止殃其身，岂可傍炽？刺史有罪，可病可死，其身未塞，可及妻子，

---

① 严可均《全上古三代秦汉三国六朝文》，第7349页。
② 《魏书》，第2738页。
③ 同上，第2224页。
④ （清）董诰等编《全唐文》，第7849页。

> 无作水旱，以及间里。皇帝仁圣，神祇聪明，唱和符同，相为
> 表里。黄治虽远，黄俗虽鄙，皇帝视之，远近一致。洋洋在上，
> 实提人纪，无负皇帝，自作羞愧。月惟孟夏，日惟辛巳，实神
> 降祉。神如有言，我答皇帝。寒暑风雨，其期必致，瘥疠水旱，
> 永永止弭。尔为官人，勉其尔治。某敬再拜，汗流沾地。①

杜牧在文中昭告众神自己祭神的虔诚之心，祭祀之前做到"视牲启
毛，濯爵置幂，不委下吏"，所有事项无不亲力亲为，表示恭敬之
情，尽力做到"肴羞具洁，罔有不备"，如此庄重严肃敬待诸神，
希望各路神灵允诺"寒暑风雨，其期必致，瘥疠水旱，永永止弭"。

唐代以后祈雨止雨之文占有较大比例，如韩愈《潮州祈太湖神
文》是韩愈为潮州刺史时祈求太湖之神降雨而作，希望"聪明而端
一"的神灵体恤百姓，降福"农夫桑妇"。柳宗元《禜门文》是祭
祀城门之神，望其"配阴含德，司其禽辟，能收水浸，以佑成绩"，
在"淫雨斯降，害于粢麦。野夫兴忧，官守增惕"之时能够"纳其
云气，复我川泽"，降灵于世间，使万民有所依归。杜牧《祭城隍
神祈雨文》、李商隐《郑州祈雨文》、欧阳修《求雨文》、《滁州祭城
隍神文》、《滁州修城祈晴祭五龙文》、元代刘因《告峨山龙湫文》、
明代方孝孺《里社祈晴文》等皆为祈雨止水之文。

秦以后祝文快速发展，发展的重要原因是神灵信仰在社会思想
中占有重要地位，天子以至于普通百姓都非常重视祈求神灵。如，
汉文帝曾颁布《增神祠制》：

> 朕即位，十三年于今，赖宗庙之灵，社稷之福，方内艾
> 安，民人靡疾。间者比年登，朕之不德，何以飨此？皆上帝诸

---

① （清）董诰等编《全唐文》，第 7849 页。

神之赐也。盖闻古者飨其德，必报其功，欲有增诸神祠。有司议增雍五畤路车各一乘，驾被具，西畤畦畤禺车各一乘，禺马四匹，驾被具。其河湫汉水，加五各二，及诸祠，各增广坛场，珪币俎豆，以差加之。而祝釐者归福于朕，百姓不与焉。自今祝致敬，毋有所祈。（《史记·封禅书》）

虽然发布此文的目的是希望停止仅为皇帝一人祈福之举，但其中"皆上帝诸神之赐"等话语表明文帝本身是相信天地神灵的存在，下民通过正确的方法可以实现与神灵的交流。与汉文帝此文非常相似的是梁武帝《祝史罪己诏》：

夫有天下者，义非为已。凶荒、疾疠、兵革、水火，有一于此，责归元首。今祝史请祷，继诸不善，以朕身当之，永使灾害不及万姓，俾兹下民稍蒙宁息。不得为朕祈福，以增其过。特班远迩咸令遵奉。[1]

梁武帝发布此诏书的目的与汉文帝相同，都是希望以自身担当任何罪责，不应为一身之福庆影响百姓，爱民之心相通。唐李德裕《祷祝论》中关于祝祷原则和意义的论述更清楚解答了祈祷承继不绝的原因：

《语》曰："某之祷久矣。"又曰："祭则受福。"岂非圣人与天地合德，与日月合明，与鬼神合契，无所请祷，而祷必感通？唯牧伯之任，不可废也。夫时不雨，稼穑将枯，闭阁责躬，百姓不见，若非遍走群望，则皆谓太守无忧人之意，虽在畎亩，不绝叹音。余前在江南，毁淫祠一千一十五所，可谓不

---

[1] 严可均编《全上古三代秦汉三国六朝文》，第5915页。

诣神黩祭矣。然岁或大旱，必先令掾属祈祷，积旬无效，乃自躬行，未尝不零雨随车，或当宵而应。其术无他，唯至诚而已。将与祭，必闲居三日，清心斋戒，虽礼未申于洞酌，而意已接于神明。所以理郡八年，岁皆大稔，江左黎庶，讴歌至今。古人乃有剪爪致词，积薪自誓，精意上达，雨必滂沱，此亦至诚也。苟诚能达天，性能及物，焉用以肌肤自苦，焦烂为期？动天地，感鬼神，莫尚于至诚，故备物不足报功，禴祭所以受福。余以为人患不诚，天之去人，不相远矣。①

李德裕认为在雨不及时，稼穑将枯情况下，作为地方官员，应该举行祭祀神灵仪式，祈祷神灵，可以先令属下官员先行祈祷，如无效果，必须由地方最高官员亲自主持祭神仪式方能奏效。他以亲身成功经历为例，在祭祀之前，必闲居三日，清心斋戒，以期虔敬之心上达于神灵。文中特别强调"至诚"的作用，认为祭祀仪节及法术与至诚之心无法相比，提出"动天地，感鬼神，莫尚于至诚"的观点。

从李德裕的祝文中我们可以了解当时社会上层（包括知识阶层）和普通民众对祭神祈雨思想信仰的一般状况。李德裕自身就是官僚阶层和知识阶层的一员，他对求神祈雨的主张和方法的论说已经清楚表明其信仰的虔诚，并且在当时社会他的行为不是孤立的，上文中归纳的韩愈、柳宗元等身兼官僚与文人双重角色，他们的信仰使我们可以确认神灵信仰是上层社会思想的重要组成部分。祝文中李德裕对于身为官员身份如何真心祈雨又能够获得治下百姓理解和认可的经验总结，即"闭阁责躬，百姓不见，若非遍走群望，则皆谓太守无忧人之意"，透露出当时的百姓是信仰神灵、坚信通过祭神祈神仪式可以获

---

① （清）董诰编《全唐文》，第7287—7288页。

得神灵的佑助，所以他们非常注重当地官员在旱灾来临之时亲身祈雨的行为。唐代李德裕的《祷祝论》不仅可以代表唐代社会的思想信仰，实际上也可以看作汉唐直至明清之际社会思想信仰中有关祈雨认识的一个缩影，这种思想也与周代铭文中体现出来的祈求天神降福赐福的思想一脉相承，同时也是历代祈祷类祝文发生的思想背景。

以祈求神灵为主要特征的祷辞，在先秦铭文中的使用较为频繁，后世发展流变过程中，其本质特征虽然依然保留，但是在祈求对象、目的、文辞的文学价值及审美意义等方面都发生较大的变化。一是祈求对象的多元化和具体化。周代铭文中祝嘏辞祈求的神灵主要是祖先神，部分铭文也涉及天神，但这里的天神一般是泛指，没有明确说明祈求的是具体哪一个神灵。而后世祈祷类的祝文中，祖先神已经居于次要地位，多数以天神为主，并且有明确的指向性，或是农神、风神、雨神、旱神，或是龙神、城隍神，涉及神灵众多。二是与祈求对象多元化相适应，祈求的内容和目的也呈现具体化趋势。周代一般泛言祈求祖先天神赐福于己，延及家族子孙后代，仅仅是求"福"，具体福包括哪些内容，没有明确指出，相对有具体意义的是"眉寿万年"、"黄耇无疆"等表示长寿的要求。而后世的祝文祈求内容十分具体，很多在题目中就直接表现出祝文的主题，如李商隐《郑州祈雨文》、欧阳修《求雨文》等，此类诗祈求内容更加广泛，包括降雨、止雨、虫灾、家畜、寿命、福禄等。三是文学价值的增加和独特的审美韵味。先秦时代祝嘏辞一般只有简短几句话，用词和句式较为固定，几乎见不到出于展示文采目的而藻饰此句的现象，这也与当时文学观念相关。祝文在后世的发展与诗歌、散文等其他纯文学作品的变化相一致，如汉代祝文呈现文风朴实的特点，但与周代相比又有注重修饰区别。齐梁时代的祝文特别重视辞藻华丽，极尽雕琢之能事，也与当时绮靡文风和审美趣味相同。唐代以来韵律与句式的讲求也直接影响到祝文，特别是一些文学名家如韩、柳、李、杜等参与祝文创作时，自身文学观念、审美情趣等都直接促使祝文风格发生变化。

四　祝嘏铭文选释

（一）沈子也簋盖

沈子也簋盖，又名沈子佗簋、它簋、沈子簋、沈子它簋。西周康王时器，传 1931 年出土于洛阳，现藏于比利时布鲁塞尔皇家美术历史博物馆。簋盖有铭文 13 行 149 字。

【铭拓】

【释文】

也曰：拜頡首，敢叚（擘）邵（昭）告：朕

吾考令乃鵩（嬗）沈子乍緎于周公

宗，陟二公，不敢不緎。休同公克成

妥（绥）吾考昌于顯顯（晏晏）受令。乌

虖（呼）！佳考敢又念自先王先公，

逦妹（末）克衣告刺（烈）成工（功）。叡！吾考

克渊（温）克，乃沈子其顗褱（怀）多公能福。

乌虖（呼）！乃沈子妹（末）克蔑见猒（厌）

于公，休沈子肇戳犵贮嗇（积）。

乍丝（兹）簋，用龏卿（飨）己公，用佫（恪）多公，其

乱哀（爱）乃沈子也唯福，用水（赐）霝（零）令，

用妥（绥）公唯寿。也用褱（怀）枀（耄）我多弟

子我孙，克又（有）井（型）敩（效）。致（懿）父逎口子①

【集释】

1. 也曰：拜頡首，敢叚（擘）邵（昭）告：

"也"，人名，也有学者隶定为"它"或"佗"。西周康王时期人，名它，鲁炀公之子。鲁幽公时期，克蔑有功，受封于沈。②

"叚"，《说文目部》："叚，捐目也。从目叉。"段玉裁注："《吴语》《吴世家》皆云子胥以手抉目是也。"或以为意为拱手。

2. 朕吾考令乃鵩（嬗）沈子乍緎于周公宗，陟二公，不敢不緎。

"嬗"，马承源认为指沈子，以表明沈子与吾考为亲属关系。"沈"，为西周封国。有学者认为：周公之后所封的姬姓国。唐兰先

---

① 马承源《商周青铜器铭文选》（三），第57页。
② 《金文今译类检》（殷商西周卷），广西教育出版社2003年版，第245页。

生据沈子也簋铭，认为可能是从姬姓凡国分封出去的。沈国位于今河南平舆、沈丘一带。《水经注·汝水注》云："汝水又东南，左会滶水。……又东迳平舆县故城南，为滶水县，旧沈国也，有沈亭。"① 沈国位卑势弱，在春秋时代强国争霸中左右为难，苦不堪言，因地近强楚，故多依附之，因而屡遭中原诸国的讨伐。公元前624 年，晋、鲁、宋、陈、卫、郑等联合伐沈，使之一蹶不振。沈作为楚的同盟国，公元前 558 年和公元前 537 年，两次随楚伐吴，公元前 519 年沈子逞伐吴兵败，成为吴国的俘虏。《左传·定公四年》载，公元前 506 年，晋国召集诸侯，会盟于召陵（今河南郾城县东），亲楚的沈国拒不参加，晋国指使蔡国，出兵伐灭了沈国，并将沈子嘉押回蔡国杀掉。

"礻及"，平心、刘雨认为是"观"或"新死之父祔入宗庙的祭礼。"唐兰读之为"祼"，认为是"祼礼"。一般认为"礻及"与祭祀有关。

"陟"，《说文》："陟，登也。"《尔雅·释诂》："陟，陞也。"指在祭祀中，祭品的气味上升于天，可以为祖先神灵享用。"二公"，指鲁公伯禽和其子考公酉，他们配祭周公。

3. 休同公克成妥（绥）吾考旦于顯顯（晏晏）受令。

"休"，《康熙字典》："美善也。庆也。"《书·太甲》："实万世无疆之休。"《诗经·商颂·长发》："何天之休。""休"，在金文中一般为美善之意。本铭文中用作动词，称美、赞美之意。

"同公"，李学勤认为是指上文的周公。

4. 乌虖（呼）！佳考耿又念自先王先公，迺妹（未）克衣告剌（烈）成工（功）。

"耿"，马承源认为其义未详，可能是追念先人功烈之辞。刘雨

---

① （北魏）郦道元著，陈桥驿校证《水经注校证》卷二十一，中华书局 2007 年版，第 506 页。

认为读为“肇”，“又”读为“有”，二字组成“肇有”。

“妹”，读为“末”，语气助词，无实意。“衣”读为“殷”，意为大。

5. 叡！吾考克渊（温）克，乃沈子其顀褱（怀）多公能福。

“渊克”，唐兰认为同于典籍的“柔克”、“刚克”、“温克”，如《诗经·小雅·小宛》：“人之齐圣，饮酒温克。”《书·洪范》：“三德：一曰正直，二曰刚克，三曰柔克。”马承源认为“渊克”可能即是“温克”，温、渊双声韵近字。渊义为深，于铭文不谐和，当假为温字。按：马氏此解过于牵强，“渊”有深远之意，可以指德行修养，符合铭文赞颂先人之意。

“顀”，李学勤读为“於”，助词。马承源认为“顀”从页鸟声。语首助词，无义。“怀”，安也。“顀怀多公能福”句式与《诗经·大雅·大明》“聿怀多福”句式相类。

6. 乃沈子妹（末）克蔑见猒（厌）于公，休沈子肇斁狃贮啬（积）。

“蔑”，《说文》：“蔑，劳目无精也。”马承源引《易·剥》卦辞，认为可以释为“甚”、“极”。“猒”，读为“厌”，《说文》：“厌，一曰合也。”《国语·周语下》：“克厌帝心。”韦昭注：“厌，合也。”“斁狃”，地名。

7. 乍丝（兹）簋，用翻卿（飨）己公，用狢（恪）多公，其丮哀（爱）乃沈子也唯福，用水（赐）霝（零）令，用妥（绥）公唯寿。

“翻”，《说文》：“翻，设饪也，从丮，才声，读若载。”马承源认为是陈设熟食之意。唐兰读为“载”，训始。“丮哀”，马承源读作“慈爱”；郭沫若读作“剧爱”；唐兰读作“扬哀”；单育辰读为"夙夜"。各家解释分歧较大，马承源的解释更接近铭文之意。

"水霝令"，马承源释为"赐善命"，认为水赐声近可通假。霝，通作灵，义为善。"水"，唐兰读为"顺"，李学勤读为"矢"，张亚初释为"永"。按，张亚初此解可以与金文常见的"永令"、"永令灵终"结合。

"妥"，读为绥，降也。

8. 也用襄（怀）扶（燮）我多弟子我孙，克又（有）井（型）戠（效）。

"燮"，马承源认为当释为"釐"，义为"福"。

【大意】

也说："也我行叩拜之礼，拱手敬告祖先：先父的传人沈子，在周公宗庙中祭祀周公及配享的二公。遵行我父考之命举行祭祀，不敢有违。赞美周公能使我的父考安然接受王命。啊！我的父考追念先王先公，和他们伟大的功业大告成功。啊！我的父考能够德行深厚，我感激怀念诸公众多福佑。啊！我沈子甚能合于公心，公能赐给沈子戭犾之地的贡赋。我铸造宝簋，以享祀己公，升祭多公，其慈爱于沈子也而赐以福，永得善命。用来祈求赐予长寿，我也祝愿我的后代子孙有福，愿他们能够效法先人。"

（二）白公父簋

白公父簋又名伯公父瑚，西周孝王时器。器盖同铭，共有铭文10行61字。1977年陕西扶风县云塘村西周二号窖穴出土。现藏于陕西省周原扶风文物管理所。

【铭拓】

【释文】

白大师小子白

公父乍盨（簠），择之

金，佳镐佳卢，其

金孔吉，亦玄亦

黄。用成（盛）粓（糗）盬（稻）需（糯）

棃（粱），我用召卿事（士）

辟王，用召者（诸）考

者（诸）兄，用脂（祈）眉寿，

多福无疆，其子子

孙孙永宝用享。①

【集释】

1. 白大师小子白公父乍盨。

"白大师"，名同，其名又见于"伯克壶"、"白太师盨盨"等西周晚期铜器。"小子白公父"，"小子"，与本铭相关有三义：

────────

① 马承源《商周青铜器铭文选》（三），第 219—220 页。

一是对宗亲中男性同辈年轻者及下辈的称呼，如《书·康诰》："肆汝小子，封在兹东土。"《书·君奭》："若游大川，予往暨汝奭，其济小子。同未在位，诞无我责。"清朱彬《经传考证·尚书下》："古人亲爱之词，率以幼稚称，周公称成王曰'小子同未在位'，称康叔曰'小子封'是也。"

二是儿子，如《史记·三王世家》："皇帝使御史大夫汤庙立子闳为齐王。曰：於戏，小子闳，受兹青社。"

三是官职的名称，黄盛璋："白公父为伯大师小子，小子为西周官职，大师小子为大师属官，但地位很高，仅次于大师，传世有大师小子师望鼎：'望肇帅型皇考，虔夙夜出纳王命'，同人所作尚有一壶自称'大师小子师望'，能'夙夜出纳王命'，可见大师小子不仅是王官，而且是王之近臣，常在左右，才能掌理出纳王的诏命，不是一般的臣属。"① 这种观点源于杨树达先生所说的"小子"为属官，佐其长以为治的看法。本铭中第三种解释与上下文更相符合。

"𥂴"，乃本器自称之名。马承源释为"簠"。黄盛璋认为："《说文》有此字从'缶'，仅从'缶'从'金'之异，盖初为陶制，后改用金，因而改易形旁。《说文》仅训'器也'而无解说，旧不能明为何器，朱骏声'疑即瑚琏之本字'，杨树达亦疑其为金文匿字之或体，此器出从而皆为之证实。《论语》'瑚琏'乃瑚簠之误，《左传》哀十一年记仲尼曰：'胡簠之事则尝学之矣'，正作'胡簠'。"② 认为传统上把此类器称为"簠"不正确。

2. 择之金，隹镐隹卢，其金孔吉，亦玄亦黄。

"镐"，马承源认为是"玄镐"，下文云亦玄亦黄是镐色为玄而卢色为玄。玄镐相当于东周金文之玄镠。"卢"，即黄卢，为金钣或

---

① 黄盛璋《新出伯公父伯多父铜器群及其相关问题》，《人文杂志》1986年第1期。
② 同上。

称饼金。"镛"、"卢"都是铸造铜器的原料，应为铜饼。

"其金孔吉"，金属质量很好，指代上文镛和卢。

3. 用成（盛）秫（糕）旛（稻）需（糯）梁（粱），我用召卿事（士）辟王。

"成"读为"盛"；马承源认为"糕旛需梁"，即"糕稻糯粱"。"糕"，《说文》："早取谷也。从米焦声。"又云"一曰小"，段注："谓谷之小者也。"黄盛璋提出不同看法，据《礼记·内则》"稰糕"，郑注："熟获曰稰，生获曰糕。"认为铭文"糕稻"连文，应是一种早割之稻，即最新米。"需"，应为"熟获曰稰"之"稰"，"稰粱"连文，应为熟获之粱。稻以早收而成新米为贵，粱则以熟获为精，故精米用以享神。此说是也。

"卿事"，"事"，也有学者读为"吏"，马承源释为"士"，意思相近，皆为官员。

"辟"，《说文》："辟，法也。从从辛，节制其辠也；从口，用法者也。"于义不通。又据《尔雅·释训》"皇王后辟，君也。天子诸侯通称辟。"《书·太甲》："惟尹躬克左右厥辟。"又人称天曰辟，《诗·大雅》："荡荡上帝，下民之辟。""辟"又可以释为明也，《礼记·王制》："天子曰辟廱。"《注》："辟，明也。廱，和也。使天下之人皆明达和谐也。"又《祭统》："对扬以辟之。"《注》："对，遂也。辟，明也。言遂扬君命，以明我先祖之德也。"结合本铭上下文意，"辟"释为"君"，与后面的"王"结合，即"君王"。若取"明"之义，与前面"卿士"或"卿吏"结合，意为我帮助卿士明君王之德也。

4. 用召者（诸）考者（诸）兄，用旛（祈）眉寿

"者"读为"诸"，"者考者兄"即"诸考诸兄"，指白公父的已经去世的长辈和兄长。

"旛"，读为"祈"，祈求之意。

【大意】

白大师的属官白公父铸造此簠，选择铸造铜器所用铜饼，有镳有卢，这种铜器原料的质量很好，颜色或黑或黄。此器可以用来盛放稻粱，用来宴请卿士以明君王之深厚德行，用来祭祀去世的先辈和兄长，用来祈求上天祖先神灵保佑我们永远长寿多福，愿后世子孙永远珍藏使用。

第五章
西周训诂铭文的文体特征与文化内涵

训诂铭文是周代铜器铭文重要的组成部分，与祭祀、册命、追孝和律令等铭文一起，为我们认识遥远的周代社会提供了可靠的历史文献。同时，训诂铭文所具有的独特的文章体制、深厚的文化内涵和审美意义，对后世文体特别是诰体的发展演变产生深刻影响，具有重要的文学价值。

一 "敬德保民"与训诂铭文的发生

训诂铭文是指西周铜器铭文中包含训诫之意的铭文。铭文中记载的训诰一般是周王对贵族进行赏赐时所作的训导告诫之辞。"训"，《说文》："训，说教也。从言，川声。"《尚书·顾命》："病日臻，既弥留，恐不获誓言嗣，兹予审训命汝。"孔传："病日至，言困甚。已久留，言无瘳。恐不得结信出言嗣续我志，以此故，我详审教命汝。"又"敬迓天威，嗣守文武大训，无敢昏逾。"孔传："敬迎天之威命，言奉顺继守文武大教。"释"训"为"教"；《左

传·文公六年》："予之法制，告之训典"，孔颖达认为"训典"为
"教训之典"。"诰"，《说文》；"诰，告也。"段注："以言告人，古
用此字，今则用告字。以此诰为上告下之字。"《说文通训定声》：
"按，上告下之义，古用诰，秦复造诏安当之。"《易·姤》："后以
施命诰四方。"① 可见，先秦时期训诰主要含义为训诫、告知之意。
张光直在《中国青铜器》中把铭文按照格式分为徽记、册命、祭
辞、追孝、训诰、记事等 12 种，认为"训诰是西周铜器铭文中常
见的格式之一"②。的确，在西周铜器铭文众多的类别之中，训诰铭
文虽然数量不多，但却是内容和形式上较有特色的一类。

西周时期形成的"敬德保民"观念是训诰铭文发生的思想史背
景。西周的重德思想是在殷商敬天思想基础上发展而来的。殷商时
期，人们奉祀众神，"商人奉祀的神祇不少，以卜辞中有威灵作祸
福的奉祀对象言，有风雨河岳之属的自然神，也有一大批先公先王
的祖灵。"③ 人们敬畏"天"、"帝"，认为其是现实世界一切事物和
行为合理性的依据。因此，殷商的统治者在多种重要场合多次言及
"天"，《尚书·盘庚》：

> 盘庚迁于殷，民不适有居，率吁众感出，矢言曰："我王
> 来，既爰宅于兹，重我民，无尽刘。不能胥匡以生，卜稽，曰
> 其如台？先王有服，恪谨天命，兹犹不常宁；不常厥邑，于今
> 五邦。今不承于古，罔知天之断命，矧曰其克从先王之烈？若
> 颠木之有由蘗，天其永我命于兹新邑，绍复先王之大业，厎绥
> 四方。"④

---

① （清）阮元校刻《十三经注疏·周易正义》卷五，中华书局 2009 年 10 月版，第 117 页。
② 马承源《中国青铜器》，上海古籍出版社 2003 年版，第 354 页。
③ 许倬云《西周史》（增补本），生活·读书·新知三联书店 2001 年版，第 115 页。
④ 《尚书正义》，第 356—357 页。

商王盘庚在决定迁都于殷之时，训诰众臣，多次提到"天"，认为先王每有大事，皆敬顺天命，作为后人，若不继承先王之法，天命将绝于此邑；迁于殷，就像被伐过的大树生出新枝条一样，上天会延长商国之命于此邑，继复先王之大业，安定四方。盘庚这段训诰实际上反映关于"天命"的两个方面的问题，一是商的历代王都恭敬遵从天命，并且这种观念为臣民认可；二是"天命"可以决定国家兴亡，因此必须敬顺天命，这也是他们信从天命的原因。

在商人的思想观念中，天命与祖灵的结合乃至神权向王权的转化是非常重要的现象，它成为商王训诰合理性的思想基础。"在一定的祭祀中，人们逐渐建立了一些并不属于实存世界而只是属于意识世界的分类与联系观念，比如说宇宙之神与祖先之灵、天地之主与王公之祖、山岳之神与大河之神，都被配成了一组一组的祭祀对象，某一等级的神灵享受某一等级的祭礼和一定数量的牺牲。"① 商代繁多的祭祀可以反映时人对天与祖灵关系的认识，首先是天地自然之神与祖宗先妣之灵的逐渐结合，他们常常以先祖先公先王配合在上帝左右，取得天帝对先王的佑护，即尊始祖以配天神；其次与上天主宰者的关系逐渐集中到王一人身上，上天降灾祸也要由商王一人来承担，这从另一个侧面反映出商王已经获得统治世界的权力，并且这种权威得到了宗教意义上的证明和确认。② 神权与王权的结合，使王权的权威性变得不可置疑，商王的话语权力也大大增强，原来一切都要祈求神灵，借助巫祝才得到民众认可接受的事项，现在可以由王一人来施行。虽然仍需敬顺天命、拜祭祖灵，但商王发布号令、训诰民众的思想依据已经建立。

周人继承殷人对"天"、"帝"的崇拜和神鬼观念，重视祖灵信仰，希望得到祖先永远的佑护，周人的祖先也是与天帝结合在一起

---

① 葛兆光《中国思想史》第一卷，复旦大学出版社 2001 年版，第 27 页。
② 同上，第 29 页。

的。如《诗经·大雅·文王》：

> 文王在上，于昭于天。周虽旧邦，其命维新。有周不显，帝命不时。文王陟降，在帝左右。亹亹文王，令闻不已。陈锡哉周，侯文王孙子。文王孙子，本支百世，凡周之士，不显亦世。世之不显，厥犹翼翼。思皇多士，生此王国。王国克生，维周之桢；济济多士，文王以宁。
>
> 穆穆文王，于缉熙敬止。假哉天命。有商孙子。商之孙子，其丽不亿。上帝既命，侯于周服。侯服于周，天命靡常。殷士肤敏。祼将于京。厥作祼将，常服黼冔。王之荩臣。无念尔祖。
>
> 无念尔祖，聿修厥德。永言配命，自求多福。殷之未丧师，克配上帝。宜鉴于殷，骏命不易！命之不易，无遏尔躬。宣昭义问，有虞殷自天。上天之载，无声无臭。仪刑文王，万邦作孚。①

关于本诗，孔颖达云："作《文王》诗者，言文王能受天之命，而造立周邦，故作此《文王》之诗，以歌述其事也。"又"言受命作周，是创初改制，非天命则不能然，故云'受命'，受天命也。"②这是周人歌颂开国君主周文王之诗，诗中多次强调"天"、"帝"的重要，当初作为西伯的文王，有功于民，德著于天，最后才能获得天命。"假哉天命，有商孙子"指出文王君临殷之子孙，乃是其敬事有德、为天所命的结果。"天命靡常"，孔颖达云："天之所为，不可得见。以纣之恶，文王之善，致使商之孙子臣服于周。如是观

---

① 《毛诗正义》，第1083—1087页。
② 同上，第1081页。

之，则见天命之无常也。"① 诗中也指出，殷人的失败是由于未能配天行事。本诗虽然主要歌颂文王的德行功业，但是无时无刻不再强调"天"、"帝"，把是否遵从天命看作成败的根源。特别是诗中"天命靡常"观念的提出，代表了周人对殷灭亡的反思，同样问题的思考也见于其他文献，如《尚书·召诰》：

> 我不可不监于有夏，亦不可不监于有殷。我不敢知曰，有夏服天命，惟有历年；我不敢知曰，不其延。惟不敬厥德，乃早坠厥命。我不敢知曰，有殷受天命，惟有历年；我不敢知曰，不其延。惟不敬厥德，乃早坠厥命。今王嗣受厥命，我亦惟兹二国命，嗣若功。②

这是召公告诫成王反思历史、以史为鉴的一段言辞，召公指出，夏、殷都曾承受天命，历经有年，但由于不敬德，这两个朝代未能保有天命，最终都会走向衰亡，周王继承其命，要以夏殷长短之命为借鉴，效法其功德。

"天命靡常"思想的出现，标志着周人对"天命"认识的新阶段。夏商的历史表明，并非"天命不僭"，而是"惟命不于常"，要想获得"天"的佑护，必须要加强"德"的修养，确保自身行为符合"天"的要求。因此周的执政者非常注重对"德"的强调。如：

> 今王惟曰："先王既勤用明德，怀为夹，庶邦享作，兄弟方来。亦既用明德，后式典集，庶邦丕享。皇天既付中国民越厥疆土于先王，肆王惟德用，和怿先后为迷民，用怿先王受

---

① 《毛诗正义》，第1086页。
② 《尚书正义》，第452页。

命。已！若兹监，惟曰欲至于万年，惟王子子孙孙永保民。"（《尚书·周书·梓材》）

乃惟成汤克以尔多方简，代夏作民主。慎厥丽，乃劝；厥民刑，用劝；以至于帝乙，罔不明德慎罚，亦克用劝；……天惟求尔多方，大动以威，开厥顾天；惟尔多方，罔堪顾之。惟我周王灵承于旅，克堪用德，惟典神天。天惟式教我用休，简畀殷命，尹尔多方。……我惟时其教告之，我惟时其战要囚之，至于再，至于三。乃有不用我降尔命，我乃其大罚殛之！非我有周秉德不康宁，乃惟尔自速辜！……尔邑克明，尔惟克勤乃事。尔尚不忌于凶德，亦则以穆穆在乃位，克阅于乃邑谋介。（《尚书·周书·多方》）

王若曰："父义和！丕显文、武，克慎明德，昭升于上，敷闻在下；惟时上帝，集厥命于文王。亦惟先正克左右昭事厥辟，越小大谋猷罔不率从，肆先祖怀在位。呜呼！闵予小子嗣，造天丕愆。殄资泽于下民，侵戎我国家纯。即我御事，罔或耆寿俊在厥服，予则罔克。曰惟祖惟父，其伊恤朕躬！呜呼！有绩予一人永绥在位。父义和！汝克绍乃显祖，汝肇刑文、武，用会绍乃辟，追孝于前文人。汝多修，扞我于艰，若汝，予嘉。"王曰："父义和！其归视尔师，宁尔邦。用赉尔秬鬯一卣，彤弓一，彤矢百，卢弓一，卢矢百，马四匹。父往哉！柔远能迩，惠康小民，无荒宁。简恤尔都，用成尔显德。"（《尚书·周书·文侯之命》）

《梓材》是周公告诫康叔治理殷民的诰词，文中指出文王武王治理国家勤用明德，怀远为近，希望康叔效法先王，奉用先王之明德。《多方》中也多次提到"德"的问题，首先是回顾商的先王从商汤乃至于帝乙都能够做到明德慎罚，所以国家安定。其次指出文武二王也能够用德，所以才主持神天之祀，最后说明周代殷命，并非是周德不安宁，而是殷商失德，自招祸患。无论是颂扬先王还是指陈时事，都围绕"德"来论述。在《文侯之命》中，周平王在赐命晋文侯时，强调先祖文王、武王能够获得天命，主要是由于其"克慎明德"，因此平王要求文侯以先人为典范，继承先祖之志，怀柔远人，治理国家，成就有德之名。在《尚书》中还有很多篇章涉及周人对"德"的论述，这些都表明他们对"德"的重视，重德、敬德的观念已经深深植入周人的思想之中，并直接影响着他们的价值判断，成为衡量人的行为与品格的重要标尺。

周人重德，因此在人们的心目中，天子之德理所当然应该成为臣民学习效仿的榜样，诸侯、卿士大夫等执政阶层更要主动提高自身修养，对他们在德方面的预期仅次于天子，上至天子，下至大夫，已经被预设了一个符合道德规范价值标准，这个标准是执政的必然要求，也是人们对他们共同的心理期待。因此，在众多的先秦文献中，我们常常可以看到周天子对大臣提高德行的训诫，这些言辞有的是预先的警示，有的是直接的批评，有的是颂扬先祖启发后人，更多的是谆谆告诫。这些告诫可以是上对下，也可以是下对上，他们的目标是一致的，都是为了使各人的行为品质符合人们的预期，只有这样，训诰者才具备了道德上居高临下的资格，拥有了告诫他人的权力，可以坦然地训诫他人。

在决定训诰合理性的众多因素中，天命的继承、德行的拥有两个因素相辅相成，它们共同构成训诰的基础。对于天子，天命与德行要同时具备，对于臣子，虽然未必拥有二者，但是他们可以按照心目中的标准对天子以及他人提出要求，要求听取训诰者依据这个标准行事。当训诰者具有毋庸置疑的话语权力时，他实行训诰的言辞对于接受训诰者无疑具有重要价值，他不仅要思考如何依照训诰内容修正行为，还要把这些重要的训诰言辞记录下来，以供自己使用和作为行为的依据。在周代，这项工作一般由史官负责，他们在简册上认真记录，并妥善保存，一些比较重要的训诰作为重要的历史文献流传后世。先秦时期比较有代表性的训诰文主要保存在《尚书》中，如大诰、康诰、酒诰、梓材、召诰、洛诰、康王之诰、高宗肜日等篇章的内容以训诰为主。以《多士》为例：

> 成周既成，迁殷顽民，周公以王命诰，作《多士》。惟三月，周公初于新邑洛，用告商王士。王若曰："尔殷遗多士，弗吊旻天，大降丧于殷，我有周佑命，将天明威，致王罚，敕殷命终于帝。肆尔多士！非我小国敢弋殷命。惟天不畀允罔固乱，弼我，我其敢求位？惟帝不畀，惟我下民秉为，惟天明畏。我闻曰：上帝引逸，有夏不适逸；则惟帝降格，向于时夏。弗克庸帝，大淫泆有辞。惟时天罔念闻，厥惟废元命，降致罚；乃命尔先祖成汤革夏，俊民甸四方。自成汤至于帝乙，罔不明德恤祀。亦惟天丕建，保乂有殷，殷王亦罔敢失帝，罔不配天其泽。在今后嗣王，诞罔显于天，矧曰其有听念于先王勤家？诞淫厥泆，罔顾于天显民祗，惟时上帝不保，降若兹大丧。惟天不畀不明厥德，凡四方小大邦丧，罔非有辞于罚。"王若曰："尔殷多士，今惟我周王丕灵承帝事，有命曰：'割殷'，告敕于帝。惟我事不贰适，惟尔王家我适。予其曰惟尔洪无度，我不尔动，自乃邑。予亦念天，即于殷大戾，肆不正。"王曰："猷！告尔多士，予惟时其迁居西尔，非我一人奉德不康宁，时惟天命。无违，朕不敢有后，无我怨。惟尔知，惟殷先人有册有典，殷革夏命。今尔又曰：'夏迪简在王庭，有服在百僚。'予一人惟听用德，肆予敢求尔于天邑商，予惟率肆矜尔。非予罪，时惟天命。"王曰："多士，昔朕来自奄，予大降尔四国民命。我乃明致天罚，移尔遐逖，比事臣我宗多

逊。"王曰："告尔殷多士，今予惟不尔杀，予惟时命有申。今朕作大邑于兹洛，予惟四方罔攸宾，亦惟尔多士攸服奔走臣我多逊。尔乃尚有尔土，尔用尚宁干止，尔克敬，天惟畀矜尔；尔不克敬，尔不啻不有尔土，予亦致天之罚于尔躬！今尔惟时宅尔邑，继尔居；尔厥有干有年于兹洛。尔小子乃兴，从尔迁。"王曰："又曰时予，乃或言尔攸居。"①

《多士》记录的是周公以成王的名义训诰殷大夫士的言辞。孔颖达云："成周之邑既成，乃迁殷之顽民，令居此邑。'顽民'谓殷之大夫士从武庚叛者，以其无知，谓之'顽民'。民性安土重迁，或有怨恨，周公以成王之命诰此众士，言其须迁之意。史叙其事，作《多士》。"② 周公代成王训诰的目的在于让这些跟随武庚叛乱的殷民在思想上知晓周革殷命的原因，从而安心接受周人的领导，彻底消除心中恢复殷朝的想法。因此在周公的言辞中，他想让殷民明白三个道理，首先他对殷人明确一个至关重要的问题，武王能够灭商建立周朝，根源在于"天命"，是"天"助佑周王，得以奉天明威，取殷王之命。并不是周主动想取商之命为己有，而是由于商王无道，上天辅弼周实施征伐，所以殷祚终而归于周。其次，为了让殷人更加信服，他以夏桀违背天命，使民不逸乐，且有恶辞，得不到天命佑护，最终由商取代夏朝的历史，说明周取代殷的合理性。最后，劝告殷人遵从天命，接受现实。在周公的训诰中，反复申明天命的存在、天命不可违，并且借用历史的经验来教育殷人，以论证周人行为符合天命的要求。《尚书》中的其他篇章，无论是告诫殷人，还是指导周王、周朝众臣，基本上都是以天命、重德以及历史经验为论说依据。

---

① 《尚书正义》，第466—469页。
② 同上，第466页。

根据《尚书》所载的训诰，我们有理由相信，殷周时期还应该有众多的训诰言辞，只不过由于文献缺失或是记录的原因未能保留下来，但是仅据现有的训诰言辞，可以得知训诰在当时具有重要政治意义和实用价值。因此，当殷商时期出现的铸铭活动在周代迅速发展，并成为周代天子以至卿大夫记录功勋、颂扬祖先功德乃至传之后世子孙的极其重要的媒介和载体时，训诰铭文的发生就显得十分自然了。

二　训诰铭文的内容与体制

据现有的出土文献，殷商时期铜器中未见训诰铭文，训诰铭文主要集中在西周时期，且数量不多。从形式上看，周代的训诰铭文可以分为两类，一类格式完整，内容较为丰富；一类是包含在册命、赏赐以及记事等类型的铭文中，仅有简单的训诰言辞。

典型的训诰铭文一般包括"时间、地点、受诰者、诰辞、赏赐、作器等部分"①，较有代表性的是"何尊"铭文：

> 佳王初鬵（壅）宅于成周，复禀珷王豊（礼）福自天，才四月丙戌，王寡（诰）宗小子于京室，曰："昔才尔考公氏克遑（弼）玟王，肆玟王受兹 大令 。佳珷王既克大邑商，则廷告于天，曰：'余其宅兹中或（国），自之辥（义）民'乌乎！尔有唯（虽）小子亡（无）戠（识），眂于公氏有爵（恪）于天，叡（徹）令苟（敬）享弋（哉）。"寷（惟）王龏（恭）德谷（裕）天，顺（训）我不每（敏）。王咸寡（诰），何易贝卅朋，用乍 重 公宝尊彝。佳王五祀。②

_____

① 马承源《中国青铜器》，上海古籍出版社 2003 年版，第 354 页。
② 马承源《商周青铜器铭文选》（三），第 20 页。

该器在 1963 年陕西省宝鸡县出土，是西周成王时器，共有铭文 119
字，在西周早期的铭文中属于篇幅较长的。铭文大意为：周王迁都
成周洛邑，还是按照武王之礼举行福祭，祭礼从天室开始。在四月
丙戌日，周王在宗庙里训诰宗小子说："过去你的父亲能够很好地
辅佐文王，因此文王得以承受天命。武王灭商之后，立即禀告上
天，说：'我将在洛邑营建宫室，在那里治理百姓。'唉！你这小子
虽然没有见识，不知天命，但是应看到你的父亲公氏敬于上天，通
晓命令，敬事奉上。"周王的大德裕容于天，训导我这个鲁钝的人。
王结束了他的训诰，赏赐给我三十朋贝，何因而为先父铸造宝贵的
尊。时在周王五年。① 何尊铭文在形式上比较完整，可以作为有完
整格式的训诰铭文的代表。训诰的时间为"四月丙戌"，进行训诰
的为周成王，地点是"京室"，即成周的宗庙，是祭祀太王、王季
等周的远祖的远祖的祖庙。受训诰者为"宗小子"，即此尊的作器
者"何"；"曰"之后的一段言辞为诰辞；周王赏赐给"何"的物品
为三十朋贝；"用作叀公宝尊彝"为作器标识，说明此器是为何的
父考公氏而作。

　　在周代铜器铭文中，有些铭文在类别上同属于册命和训诰铭
文，如大盂鼎铭文：

　　　　隹九月，王才宗周，令盂。王若曰："盂，不显玟（文）
　　王受天有（佑）大令，在珷王嗣玟（文）乍邦。闢（辟）氒匿
　　（慝），匍（敷）有四方，畯（峻）正氒民，在雩（于）御事，
　　叡！酉（酒）无敢酖（酣），有髭（祡）蒸（蒸）祀无敢醢
　　（醻）。古（故）天异（翼）临子，灋（废）保先王，□有四
　　方。我闻殷述（坠）令，隹殷边侯田（甸）雩（与）殷正百

①　《金文今译类检》（殷商西周卷），广西教育出版社 2003 年版，第 618 页。

辟，率肄（肆）于酉（酒），古（故）丧启（师）。已！女
（汝）妹（昧）晨又（有）大服。余佳即朕小学，女（汝）勿
剋余乃辟一人。今我佳即井（型）富于玟王正德，若玟王令
二、三正。今余佳令女（汝）盂聖（召）燮（荣）芍（敬）饎
（雝）德坙（经）。敏朝夕入谏（谏），享奔走，畏天畏（威）。"
王曰："宏，令女盂井（型）乃嗣且南公。"王曰："盂，迺聖
（召）夹死（尸）翻（司）戎，敏谏（娕）罚讼。夙夕召我一
人，烝（烝）四方。雩（粤）我其通省先王受民受疆土。易女
（汝）鬯一卣、冂、衣、市、舄、车马。易乃且南公旂，用 。
易女（汝）邦翻（司）四白（伯），人鬲自驭至于庶人六百又
五十又九夫。易夷翻（司）王臣十又三白（伯），人鬲千又五
十夫。……自厥土。"王曰："盂，若芍（敬）乃正，勿灋
（废）朕令。"盂用对王休，用乍且南公宝鼎。佳王廿又三祀。①

大盂鼎又名盂鼎、全盂鼎，是西周康王时器，共有铭文 291 字，属
于篇幅较长的册命铭文。铭文大意为：在康王二十三年九月，王在
宗周册命盂。王说："盂，显赫的文王得到上天的保佑拥有天命，
武王继承文王的功绩建立了国家。摒除奸恶，拥有四方，统领人
民。啊！在处理政务的时候，不要沉迷于酒；举行祡、烝等祭祀活
动的时候也不敢借酒滋事。所以上天以仁爱之心给予辅助和庇护，
大力保佑先王，拥有天下。我听说殷人失掉了他们的天命，是因为
从边远的诸侯到朝廷的各级官员都沉湎于酒，所以丧失了民心。
呀！你年纪轻轻就已经有了显要的职位，我也曾经让你到小学里来
学习。你不可不尽心地辅佐我。现在我效法禀受文王纯正的德行，
就像当年文王任命那二三位贤臣一样，我命令你盂辅助荣恭敬地协

---

① 马承源《商周青铜器铭文选》（三），第 37 页。

调德行准则。随时向我进谏，为王室祭享之事而奔走效力，敬畏上天的威严。"王说："命令你效法你的先祖南公。"王说："盂，命令你辅助我处理军事，勤勉而及时地处理狱讼案件，日夜辅助我治理天下四方，我是遵循善德而领受先王得自上天的疆域和人民。赏赐给你郁酒一卣、麻制衣、蔽膝、朝靴、车、马。把你的先祖南公的旗帜赏赐给你，以用来打猎。赏赐给你管理中原地区的四名长官，劳动力一千零五十人。立即从本土迁出。"王又说："恭敬你的政事，不要背弃我的命令。"盂感激王的恩德，因此制作祖父南公珍贵的鼎器。① 铭文中，周王告诫盂，殷代以酗酒而亡国，周代则吸取教训，绝不沉迷于酒，因此命令盂一定要尽力地辅佐自己王，继承文王、武王的德政。

康王对大臣盂的训诫主要体现在两个方面，一是叙述历史经验，为盂执政提供借鉴。康王先颂扬文王、武王受命于天，建立国家、治理民众的功绩，特别提出在任何时候都不要沉迷于酒，因此获得上天的佑护，得以拥有天下；相反，殷商的执政者全部沉溺于酒，导致丧失民心、失去天命。康王以周立国的经验和殷失国的教训告诫盂，要以文王、武王的行为和功勋为典范，以祖父南公作为榜样，必须避免殷人饮酒丧志的不良行为。二是在授命盂继承祖业时，告诫他要勤勉、及时、恭敬行事，莫违王命。大盂鼎铭文无论从内容上还是形式上，都是以训诰为主，特别明显的是多次用"王若曰"或"王曰"的方式引出周王对盂的谆谆教诲。正因如此，铭文第一句中的"令盂"，也可以理解为"训诰盂"或"告诫盂"。该铭文在形式上比较完整，具有训诰时间、地点、训诰者、受诰者、诰辞、赏赐以及作器铭识等。

有的训诰铭文把诰辞作为重点，省略了训诰时间、地点，如毛

---

① 《金文今译类检》（殷商西周卷），广西教育出版社 2003 年版，第 461 页。

公鼎铭文：

> 王若曰："父厝，不显文武，皇天引厌氒德，配我有周。雁（膺）受大命，衔（率）裹（怀）不廷方，亡不闬（覼）于文武耿光……。"王曰："父厝，[今] 余唯肇坙（经）先王命，命女（汝）辥（乂）我邦我家内外，忝（擁）于小大政……。女（汝）母（毋）敢妄（荒）宁，虔凤夕，惠我一人，雖我邦小大猷……"王曰："父厝，今余唯䢖（踵）先王命，命女（汝）亟一方，囝（宏）我邦我家，女（汝）頠（推）于政，……母（毋）敢龚（拱）橐（苞），龚（拱）橐（苞）迺务（侮）鳏寡。善效乃友正，母（毋）敢湆（湎）于酒，女（汝）母（毋）敢豕在乃服，圈凤夕，敬念王畏（威）不睗（易）。女（汝）母（毋）弗帅用先王乍明井（刑），俗（欲）女（汝）弗旲乃辟函（陷）于囏（艰）。"……毛公厝对扬天子皇休，用乍尊鼎，子子孙孙永宝用。①

毛公鼎又名厝鼎，为西周宣王时器，共有铭文 497 字，乃迄今出土的先秦青铜器之最。铭文内容是宣王看到周室动荡不安，为振兴王业，册命大臣毛公，命他忠心辅佐周王，治理家邦，告诫毛公不要荒怠政事，不要欺侮下属，以先王为表率，免遭丧国之祸，并赐给他大量物品。从文体结构上看，该铭文缺少训诰的时间、地点，也许铭文作者认为这些并不重要，而把注意力放在了宣王的言辞上。

在内容方面毛公鼎铭文可以分为五个部分，有两个部分为宣王训诫毛公之辞，其一意为：王说："父厝，现在我遵循先王的命令，命令你治理国家和王室内内外外的大小政事，辅佐我安坐王位，使

---

① 马承源《商周青铜器铭文选》（三），第316页。

邦国上下同心同德，安抚四方。辅佐我一人掌政。你应当经常觉察到我的过错，并且让我知道。你不可荒怠自安，要日夜虔诚、嘉惠我一人。有关邦国大小事情的谋划，你不可缄口不言，告诉我先王之德，用来昭对皇天，谨遵大命，安抚四方。希望我不要使得先王忧愁。"其二意为：王说："父𣊸，我现在继承先王的命令，任命你治理一方百姓，以宏大我邦我家。你处理政事的时候，不要壅塞庶民之口。不要受贿，受贿的话就会导致欺凌鳏寡孤独、贫苦无告的人们的事情发生。你要善于教导你的朋友和所属官员，不要沉湎于酒。你不得荒废你的政务，要日夜谨慎专一地思念王位的威重。你必须遵循先王所制订的好的法则，希望你不要使得你的君主陷于艰难的境遇。"① 我们认真阅读这两段铭文的译文，可以看出宣王在册命毛公的仪式上，对毛公受封的职务十分重视，因此才有如此长篇大论的训诫与嘱托，且考虑的问题非常细致，涉及毛公执政的原则、学习榜样、禁止事项等方方面面，紧紧围绕的核心问题是忠于宣王，尽心尽力。该铭文不仅是迄今篇幅最长的，也是训诰内容最为详细的一篇。

也有的铭文虽然具有训诰时间、训诰人等，但省略了诰辞，如"史𣎴簋"铭文：

> 乙亥，王𦤀（诰）毕公，乃易史𣎴贝十朋，𣎴古（故）于彝，其于之朝夕监。②

此簋为西周康王时器，有铭文23字，铭文篇幅较短，内容亦简单。"王"是指周康王；"毕公"是"文王之子毕公高，曾辅佐武王克商，受封于毕，成王临终时使为顾命大臣，辅弼康王，为作册，是

① 《金文今译类检》（殷商西周卷），广西教育出版社2003年版，第468页。
② 马承源《商周青铜器铭文选》（三），第55页。

周初著名的权贵”[①]。史既把康王诰毕公和自己受赐之事铸为铭文，希望能够朝夕鉴戒。在格式上，该铭具备训诰的时间、训诰者、接受训诰者以及作器铭识，但省略了训诰的地点、诰辞。地点的省略在周代册命、赏赐、祭祀等类型的铭文中经常出现，而诰辞的省略说明作器者铸器的目的侧重于记录康王训诰毕公一事，对于诰辞本身，也许并未过多重视，或者有其他媒介如简册等记载。

在训诰铭文之外，还有一些训诰辞，零散分布在各类铭文之中，有的是几句，如“蔡簋”铭文：

> 隹元年既望□亥，王才雍应（居）。旦，王各（格）庙，既立（位）。宰曶入右蔡立中廷。王乎（呼）史年册令蔡。王若曰：“蔡，昔先王既令女（汝）乍宰，嗣王家。……嗣王家外内，母（毋）敢又（有）不闻。嗣百工，出入姜氏令。氒又（有）见又（有）即令，氒非先告蔡，母（毋）敢疾（疾）又（有）入告。女（汝）母（毋）弗善效姜氏人，勿事（使）敢又（有）疾（疾），止从（纵）狱。易女（汝）玄衮衣、赤舄，敬夙夕勿灋朕令。”蔡拜手䭫首，敢对扬天子不显鲁休，用乍宝尊簋。蔡其万年眉寿，子子孙永宝用。[②]

蔡簋为西周晚期蔡国器，又名龙敦，龙敦，共有铭文 159 字。该铭文记载了周王在宗庙册命蔡之事，周王宣布对蔡的重新任命，赏赐众多物品，要求其恭敬从事。蔡簋铭文从内容和结构上看，都是典型的册命铭文，“王若曰”的内容即是册命文书的内容，其中“恪从”、“毋敢有不闻”、“毋敢疾有入告”、“汝毋弗善效姜氏人，勿使

① 马承源《商周青铜器铭文选》(三)，第 55 页。
② 马承源《商周青铜器铭文选》(三)，第 263 页；《金文今译类检》，第 248 页。

敢有疾，止纵狱"、"敬夙夕勿瀍朕"等言辞，对蔡担任此项职务提出许多非常详细的要求，既是周王对蔡的命令，也是对其训诫，特别是频繁使用"毋"或"勿"等警告或禁止的言辞，说明周王对蔡教诲之认真全面。

在为数不多的训诰铭文中，体制完整规范的铭文数量也较少，并未如册命铭文那样形成十分完备的体制，也没有那么巨大的规模，因此周代的训诰铭文主要的文体价值在于其训诰的意识和训诰的内容对后世训诰文体的借鉴意义，正是在先秦训诰文体初步形成的基础上，后世的训诰文体才有了汲取经验的源泉和发展的动力。

三　训诰文体在后世的演变

先秦时期训诰文体主要包括训诰铭文和《尚书》中的训诰文，秦汉以后，训诰类文体不断发展，不仅名称发生变化，而且内容、文体形式、语言风格等都随着社会文化的发展产生新的特点。训诰文的这些演变受到众多文论家的关注，姚鼐在《古文辞类纂》"诏令"类序言说："诏令类者，原于《尚书》之《誓》、《诰》。周之衰也，文诰犹存，昭王制，肃强侯，所以悦人心而胜于三军之众，犹有赖焉。秦最无道，而辞则伟。汉至文、景，意与辞俱美矣，后世无以逮之。光武以降，人主虽有善意，而辞气何其衰薄也！檄令皆谕下之辞，韩退之《鳄鱼文》，檄令类也，故悉傅之。"[1] 认为诏令类文体以《尚书》中的"誓"、"诰"为源头，由于材料所限，未涉及周代训诰铭文对后世文体的贡献，但他对先秦训诰文在后世的发展流变有清晰而准确的概括。刘勰则把训诰的源头追溯得更为久远，《文心雕龙·诏策》：

---

[1] （清）姚鼐纂集，胡士明、李祚唐标校《古文辞类纂》，上海古籍出版社 2016 年版，第 10 页。

> 皇帝御宇，其言也神。渊嘿黼扆，而响盈四表，唯诏策
> 乎！昔轩辕唐虞，同称为"命"。命之为义，制性之本也。其
> 在三代，事兼诰誓。誓以训戒，诰以敷政，命喻自天，故授官
> 锡胤。《易》之《姤》象："后以施命诰四方。"诰命动民，若
> 天下之有风矣。降及七国，并称曰命。命者，使也。秦并天
> 下，改命曰制。汉初定仪则，则命有四品：一曰策书，二曰制
> 书，三曰诏书，四曰戒敕。敕戒州部，诏诰百官，制施赦命，
> 策封王侯。策者，简也。制者，裁也。诏者，告也。敕者，
> 正也。①

刘勰对诏策文体的演变进行了梳理，认为诏策作为皇帝之言，古代
称为"命"，夏先秦三代时的命令，还有"誓"、"诰"之名，战国
之时称为"命"，秦时改称为"制"，汉初又一分为四："策书"、
"制书"、"诏书"、"戒敕"，"命"的功能相应划分，"策书"主要是
策封王侯，"制书"为赦命之文，"诏书"为皇帝告知百官，"戒敕"
以训诫百官为主。根据刘勰的分析，我们可以看出，周代训诰文体
的主要功能在汉代已经被"诏书"和"戒敕"承担，如关于"诏
书"的昭告功能，蔡邕在《独断》中说："诏书者，诏诰也。有三
品，其文曰：'告某官'，'官如故事'，是为诏书，群臣有所奏请，
尚书令奏之，下有'制曰'。天子答之曰：'可。'若'下某官'云
云，亦曰诏书。群臣有所奏请，无尚书令奏制之字，则答曰：'已
奏，如书。'本官下所当至，亦曰诏。"汉代真正以"诰"为名同时
承担昭告功能的"诰"文是汉武帝时期，《汉书·武帝纪》："庙立
皇子闳为齐王，旦为燕王，胥为广陵王。初作诰。"此诰文的内容
应该是把策封三王之命昭告天下。王莽曾作《大诰》，其首段云：

---

① 周振甫《文心雕龙译注》，第178—179页 。

惟居摄二年十月甲子，摄皇帝若曰：大诰道诸侯王三公列侯于汝卿大夫元士御事。不吊，天降丧于赵、傅、丁、董，洪惟我幼冲孺子，当承继嗣无疆大历服事，予未遭其明悊能道民于安，况其能往知天命！熙！我念孺子，若涉渊水，予惟往求朕所济度，奔走以傅近奉承高皇帝所受命，予岂敢自比于前人乎！天降威明，用宁帝室，遗我居摄宝龟。太皇太后以丹石之符，乃绍天明意，诏予即命居摄践祚，如周公故事。……（《汉书·王莽传》）

《大诰》全文接近1400字，本文作于王莽篡位后第二年，东郡太守翟义因王莽将灭汉室，奉严乡侯刘信为天子，举兵讨伐，兵力迅速接近10万，王莽十分恐惧，派王邑、孙建等亲信为将军率兵抵御，又挟孺子婴告祷郊庙，以周公辅成王自比，而斥责翟义等为如同周初管叔、蔡叔挟武庚而叛，因此模仿《周书》而作《大诰》，表明自己无意夺取汉室，只是摄政，将来会还政给皇帝，其文句仿《周书·大诰》，文章结构和语言都直接继承《周书》，文风古朴。

东汉冯衍有《德诰》，《全后汉文》卷二十辑其残文四句，此外张衡所作《东巡诰》保存完整：

惟二月初吉，帝将狩于岱岳，展义省方，观风设教。丙寅朏，率群宾，备法驾，以祖于东门。乙酉，观礼于鲁而休齐焉。己丑，届于灵宫。是日也，有凤双集于台。壬辰，祀上帝于明堂。帝曰："咨！予不材，为天地主，栗栗翘翘，百僚万几，心之劳矣。孰朕之劳？上帝有灵，不替朕命，诞敢不祇承。凡庶与祭于坛墠之位者，曰怀尔邦君，实愿先帝，载厥大宗，以左右朕躬。"群臣曰："帝道横被，旁行海表。一人有懿，万民赖之。"从巡助祭者，兹惟嘉瑞，乃歌曰："皇皇者凤，通玄知

时。萃于山趾，与帝邀期。吉事有祥，惟汉之祺。"帝曰："朕不敢当，亦不敢蔽天之吉命。"（《艺文类聚》三十九）

张衡在安帝、顺帝时长期担任太史令、公车司马令，屡上封事，颇有建言，此文是安帝延光三年（124）二月，在公车司马令任上，从安帝东巡狩，祠孔子后所作。此诰记事记言并重，记载了安帝东巡过程和君臣之言。在文体风格上，直接继承先秦诰文典雅古朴之风，如首句"惟二月初吉"，是先秦诰文常用的表示时间的方式；"帝曰"、"咨"等词语的选择运用都可以看出作者尽力把诰文古典化的意图。

　　秦以后诰体在记载王言之外，内容趋于灵活，在东汉时期出现了用于告神的诰文，魏晋南北朝时期又出现教诲兄弟、表明思想主张的诰文等。如东汉蔡邕的《交趾都尉胡府君夫人黄氏神诰》：

夫人江陵黄氏之季女，字曰列嬴。其先出自伯翳，别封于黄，以国氏焉。高祖父汝南太守，曾祖父延城大尹，祖父番禺令。父以主簿，尝证太守，事奉明君，以立臣节，汉南之士，以为美谈。初，都尉君娶于故豫州刺史即黄君之姊，生太傅安乐侯广及卷令康而卒，继室以夫人。二孤童纪未龀，育于夫人。夫人怀圣善之姿，韬慈母之仁，抚育二孤，导以义方，思齐先姑，神罔时恫，致能迨用有成，诞膺繁祉。……十月既望，粤翌日己酉，葬我夫人黄氏及陈留太守硕于此高原，雒阳东界，关亭之阿。天子使中常侍谒者李纳吊，且送葬，赙钱二十万，布二百匹，再以中牢祀。群后毕会，荣哀孔备。于时济阳故吏旧民中常侍勾阳于肃等二十三人，思应慕化，推本议铭，著斯碑石，俾诸昆裔瞻仰，以知礼之用。是为神诰，乃申颂曰：

於穆夫人，家邦之媛。昔在嬴氏，黄国氏建。致于近祖，

亦降于汉。天祚明德，福祚流衍。既作母仪，履信思顺。登寿
耄耋，用永蕃姿。□□□□，子孙以仁。追稽先典，厝兹洛
滨，齐迹湘灵，配名古人。休矣耀光，千亿斯年。[①]

此文仅见《蔡邕集》，严可均题曰《交趾都尉胡府君夫人黄氏神
诰》，内容主要记载交趾都尉胡府君夫人黄氏生平事迹，颂扬其
"怀圣善之姿，韬慈母之仁"的品行，该文名为"神诰"，实为"告
神"，即把黄氏明德告知神灵，虽以"诰"名篇，但已经脱离了
"王言"的范畴，实质属于祭文之类。

晋代出现多篇不记载王言的诰文，其一是西晋夏侯湛所作《昆
弟诰》：

> 惟正月才生魄，湛若曰："咨尔昆弟淳、琬、瑶、谟、总、
> 瞻：古人有言：'孝乎惟孝，友于兄弟。''死丧之戚，兄弟孔
> 怀。'又曰：'周之有至德也，莫如兄弟。'於戏！古之载于训
> 籍，传于《诗》、《书》者，厥乃不思，不可不行。尔其专乃
> 心，一乃听，砥砺乃性，以听我之格言。"淳等拜手稽首。
>
> 湛若曰："呜呼！惟我皇乃祖滕公，肇厘厥德厥功，以左
> 右汉祖，弘济于嗣君，用垂祚于后，世世增敷前轨，济其好行
> 美德。明允相继，冠冕胥及。……嗟尔六弟，汝其滋义洗心，
> 以补予之尤。予乃亦不敢忘汝之阙。呜呼！小子瞻，汝其见予
> 之长于仁，未见予之长于义也。"
>
> 瞻曰："俞！以如何？"湛若曰："我之肇于总角，以逮于
> 弱冠，暨于今之二毛，……迩可远在兹。"瞻拜手稽首曰：
> "俞！"湛曰："都！在修身，在爱人。"瞻："吁！惟圣其难

---

① 严可均《全上古三代秦汉三国六朝文》，第 1794—1795 页。

之。"湛曰:"都!厥不行惟难,厥行惟易。"

淳曰:"俞!明而昧,崇而卑,冲而恒,显而贤,同而疑,厉而柔,和而矜。"湛曰:"俞!乃言厥有道。"淳曰:"俞!祇服训。"……湛曰:"俞!休哉!"淳等拜手稽首。湛亦拜手稽首。乃歌曰:"明德复哉,家道休哉,世祚悠哉,百禄周哉!"又作歌曰:"讯德恭哉,训翼从哉,内外康哉!"皆拜曰:"钦哉!"(《晋书·夏侯湛传》)

夏侯湛的《昆弟诰》在呈现兄长对弟弟们的教导之时,文体格式和用词造句明显模仿《尚书》的诰文,模仿天子的口气,文辞古奥,在魏晋散文中十分罕见。

西晋挚虞的《迁宅诰》也较有特色,不同于以往的诰文,记载自己迁宅过程,如:

惟太始三年九月上旬,涉自洛川,周于原阿,乃卜昌水东,黄水西,背山面隰惟此良。(《太平御览》卷五十六)

该文篇幅较短,语言简练,文章结构并未精心计划,随顺自然,只是简单叙述,告知众人。

西晋江统的《酒诰》与挚虞的《迁宅诰》相近,文中告知众人的是酒的起源,如:

酒之所兴,乃自上皇,或云仪狄,一曰杜康,有饭不尽,委余空桑,本出于此,不由奇方,历代悠远,经口弥长,稽古五帝,上迈三王,虽曰贤圣,亦咸斯尝。[1]

---

[1]　严可均《全上古三代秦汉三国六朝文》,第4131页。

《尚书·酒诰》以禁止纵酒为目的，而江统的《酒诰》则说明酒产生的时间、过程，文中认为酒产生的年代久远，应该在三皇时代就出现了。第一个发明酒的人有人说是仪狄，有人认为是杜康，但江统认为不是某个人完成，应该是剩饭之类自然发酵形成。全文结构十分简单，只是叙说酒的产生的不同观点和作者的看法，全文句式整齐，皆为四字句，韵律和谐。

南朝宋颜延之所作的《庭诰》呈现另一种独特风格，按照作者自己说法："《庭诰》者，施于闺庭之内，谓不远也。吾年居秋方，虑先草木，故遽以未闻，诰尔在庭。若立履之方，规鉴之明，已列通人之规，不复续论。今所载咸其素蓄，本乎性灵，而致之心用。夫选言务一，不尚烦密，而至于备议者，盖以网诸情非。古语曰，得鸟者罗之一目，而一目之罗，无时得鸟矣。此其积意之方。"[①] 颜延之于元嘉十一年免官，过上一段隐居生活，本文应作于这段时间，作者闲居无事，为《庭诰》之文以训子弟，因此文章内容多为训诫，选录如下：

> ……道者识之公，情者德之私。公通，可以使神明加响；私塞，不能令妻子移心。是以昔之善为士者，必捐情反道，令公屏私。……游道虽广，交义为长。得在可久，失在轻绝。久由相敬，绝由相狎。爱之勿劳，当扶其正性，忠而勿诲，必藏其枉情。辅以艺业，会以文辞，使亲不可亵，疏不可间，每存大德，无挟小怨。率此往也，足以相终。

> 酒酌之设，可乐而不可嗜，嗜而非病者希，病而遂眚者几。既眚既病，将蔑其正。若存其正性，纾其妄发，其唯善成乎。声乐之会，可简而不可违，违而不背者鲜矣，背而非弊者

---

① 严可均《全上古三代秦汉三国六朝文》，第 5268 页。

反矣，既弊既背，将受其毁。必能通其碍而节其流，意可为和中矣。……①

《庭诰》目的为告诫子弟，因此内容广博，涉及修身、立德、行事、学习、诗文品评等多个方面，反映出作者中庸雅正的儒家思想，如关于历代诗文的评价，体现出注重文章形式美的主张。

西魏时期苏绰《大诰》的颁行，对当时文风影响较大。《周书·苏绰传》载："自有晋之季，文章竞为浮华，遂成风俗。太祖欲革其弊，因魏帝祭庙，群臣毕至，乃命绰为大诰，奏行之。……自是之后，文笔皆依此体。"《大诰》目的是革除魏晋以来文风日趋浮华的弊病。选录如下：

> 惟中兴十有一年仲夏，庶邦百辟，咸会于王庭。柱国泰洎群公列将，罔不来朝。时乃大稽百宪，敷于庶邦，用绥我王度。皇帝若曰："昔尧命羲和，允厘百工。舜命九官，庶绩咸熙。武丁命说，克号高宗。时惟休哉，朕其钦若。格尔有位，胥暨我太祖之庭，朕将丕命女以厥官。"
>
> 六月丁巳，皇帝朝格于太庙，凡厥具僚，罔不在位。皇帝若曰："咨我元辅、群公、列将、百辟、卿士、庶尹、御事，朕惟寅敷祖宗之灵命，稽于先王之典训，以大诰于尔在位。昔我太祖神皇，肇膺明命，以创我皇基。烈祖景宗，廓开四表，底定武功。暨乎文祖，诞敷文德，龚惟武考，……
>
> 柱国泰洎庶僚百辟，拜手稽首曰：" '亶聪明作元后，元后作民父母。'惟三五之王，率由此道，用臻于刑措。……惟帝敬厥始，慎厥终，以跻日新之德，则我群臣，敢不夙夜对扬休

① 严可均《全上古三代秦汉三国六朝文》，第 5268—5270 页。

哉。惟兹大谊，未光于四表，以迈种德，俾九歆幽遐，咸昭奉元后之明训，率迁于道，永膺无疆之休。"

帝曰："钦哉。"①（《全上古三代秦汉三国六朝文》卷五十五）

《大诰》全文1500多字，亦为仿《尚书·大诰》之作，所以在文体格式上模仿先秦诰文常用格式和词语。《尚书·大诰》主要是记言，而此文记言中兼记事，并且其所记之言不仅包括皇帝，而且还有宇文泰，这也是与《尚书》所不同的。苏绰此文以皇帝之命下达，所以对当时公文写作风格影响较大，钱基博对此评论说："绰创制一代，乃欲以谟诰变俪偶，而效之者，惟一卢辩，可谓吾道不行。然则绰之师古，亦何补于矫枉哉。顾相其笔势，如熔铸而成，佶屈聱牙，出之自然，而往复百折，惟骨劲而气猛，固辞笔之鸶翰也。前之王莽，有其辞而无其气，后之王通，得其理而遗其笔；神气索莫，负声无力，同一摹古，生死攸别矣。"②认为苏绰有"创制一代"之思，模仿古人又有所创新，并与王莽《大诰》相比，认为此文远远超过王文，评价甚高。

隋唐以后，诰的文体功能日趋简化，一般仅用于皇帝封官授职。吴讷《文章辨体序说》"制诰"条说："按《周官》太祝六辞，二曰'命'，三曰'诰'。考之于《书》，'命'者，以之命官，若《毕命》、《冏命》是也。'诰'则以之播告四方，若《大诰》、《洛诰》是也。汉承秦制，有曰'策书'，以封拜诸侯王公，有曰'制书'，用载制度之文。若其命官，则各赐印绶而无命书也。迨乎唐世，王言之体曰'制'者，大赏罚、大除授用之；曰'发敕'者，授六品以下官用之，即所谓'告身'也。宋承唐制，其曰'制'者，以拜三公三省等职。辞必四六，以便宣读于庭。'诰'则或用

---

① 严可均编《全上古三代秦汉三国六朝文》，第7576—7578页。
② 钱基博《中国文学史》，中华书局1992年版，第244页。

散文，以其直告某官也。西山云：'制诰皆王言，贵乎典雅温润，用字不可深僻，造语不可尖新，文武宗室，各得其宜，斯为善矣。'"①他一方面对"诰"在先秦的文体源头进行分析，并且找到明确的体制根源，一方面又对秦汉以后诰体的发展变化进行分析，特别是对唐宋时期"诰"的应用对象的变化进行概括，并分析了诰体由于"王言"的背景所决定的文体风格必须"典雅温润"等特点。明贺复征《文章辨体汇选》对"诰"在唐宋以后的变化特别是职能的演变进行总结：

> 考《文苑英华》亦有中书制诰、翰林制诏之别，疑出中书者为诰，出翰林者为制。盖诰止施于庶官，而大臣诸王则称制书也。后人一以为制云。又曰，按宋亦有内制、外制之别。《文鉴》内制曰制，多除授大臣，文用四六；外制曰诰，则俱属庶司，常用散文；间亦有四六者。我明大夫曰诰命，郎官曰敕命，则是唐宋制重而诰轻，明则敕轻而诰重，合而观之，可以知唐、宋、明三代之损益矣。（《文章辨体汇选》卷十九）

贺复征与吴讷关于诰体在唐宋以后适用对象的理解基本相同，即"制"一般用于封授三公等朝廷重臣，而"诰"则用来任命一般官员。在文体风格方面，"制"多用四六骈文，"诰"以散体为主，间或使用四六。

唐宋很多文学名家代皇帝撰著诰文，贺复征《文章辨体汇选》中收录欧阳修、王安石、苏轼、曾巩等人所作诰文多篇。如：

> 敕。朕以信示天下，而以禄报有功。今尔辛，缘死事而命

---

① （明）吴讷《文章辨体序说》，第36页。

于官。然按察者，纠失职而来有请。按察，吾所诏也，不从则不自信；念功，吾所急也，不报则无所劝焉。是用易尔散秩，优尔俸禄，免尔吏责，俾尔自安，庶几使吾信赏并行而不失。[1]（欧阳修《登州黄县尉东方辛可密州司士参军诰》）

敕。士以德望进，则风俗厚而朝廷尊；以经术用，则议论正而名器重。此君子所以难合，而朕亦难其人焉。具官傅尧俞，笃学博行，久闻于世。历事四世，挺然一节；怀道不试，十年于兹。朕欲闻仁人之言，置之讲席；非尧舜之道，盖未尝言。给事黄门，未究其用；往贰太宰，益修厥官。董正治典，以称先帝复古之意。[2]（苏轼《给事中兼侍讲傅尧俞可吏部侍郎诰》）

这两篇诰文都为皇帝任命官员之用，有诸多共同之处。格式上起首为"敕"，结尾为"可"；内容都要涉及授官任职的原因和皇帝的期望，如任命东方辛时明确说明因功授命，希望通过奖励功臣使信、赏并行于天下，能够激励众人；傅尧俞的任命是由于其"德望"、"经术"久闻于世，博学笃行数年，堪称楷模，因此加以重用，诰文中对受命者的肯定和赞赏也是必要的内容。

明清以后诰文的发展基本沿着唐宋时期奠定的基础，在文体职能和文体格式等方面大体保持稳定，在文体风格等方面一般也会受到当时社会文学风气的影响，呈现出不同的风貌。

四　训诰铭文选释

何尊

何尊，又名，尊。西周早期成王时器。共有铭文 12 行存 119

---

[1]　（明）贺复征《文章辨体汇选》卷二十，《四库全书》本。
[2]　同上，卷二十一。

字。1963年陕西省宝鸡县贾村塬出土。现藏于陕西省宝鸡市博物馆。

【铭拓】

【释文】

佳王初臘（雍）宅于成周，复禀

斌王豊（礼）福自天，才四月丙戌，

王寡（诰）宗小子于京室，曰："昔才

尔考公氏克逨（弼）玟王，緯玟

王受兹 大令 。佳斌王既克大

邑商，则廷告于天，曰：'余其

宅兹中或（国），自之辪（乂）民'乌

乎！尔有唯（虽）小子亡（无）哉（识），视于

公氏有爵（恪）于天，叀（彻）令苟（敬）

享弋（哉）。"叀（惟）王龏（恭）德谷（裕）天，顺（训）我

不每（敏）。王咸享（诰），何易贝卅朋，用乍

🄱公宝尊彝。佳王五祀。①

【集释】

1. 佳王初㸚（雍）宅于成周，复再㝌王豊（礼）福自天，

"初雍宅于成周"，"雍"字的解释最初争议较大，唐兰释为"迁"②，这涉及周成王迁都问题，历史上记载周的迁都是在平王之时，如果此字释为"迁"，就说明在西周历史上，有两次迁都于成周，与传世文献记载不符。马承源释为"雍"，据《尚书·洛诰序》："召公既相宅，周公往营成周，使来告卜，作《洛诰》。"认为"雍"应读为"营"，雍宅即营宅。并以《尚书大传》载周公摄政后，"五年营成周"，与后文"唯王五祀"相互证①。这里采用马承源先生观点。

"豊福"，即"礼福"。福，为祭礼，是在祭祀后分发用于祭祀的牲肉以散福。

"自天"，马承源释为来自天堂；孙诒让、刘心源等学者释"天"为"天室"②，即大室，是太庙中的太室，为祭祀的地点。第二种解释为是。

2. 王享（诰）宗小子于京室

"宗小子"，马承源释为是与宗子相对而言，宗子是大宗嫡子，

---

① 马承源《商周青铜器铭文选》（三），第 20 页。

② 唐兰《何尊铭文解释》，《文物》1976 年第 1 期。本章所引唐兰观点无特殊说明皆出自此文。

宗小子则是小宗之子。与此不同，有学者认为"宗"为宗庙，小子为官名。《说文》训"尊祖庙也"，段注："宗、尊双声。按：当云尊也，祖庙也。尊，莫尊于祖庙，故谓之宗庙。"① 《左传·成公三年》："首其请于寡君而以戮于宗，亦死且不朽。"杨伯峻注："宗，宗庙。"② 保卣："用乍文父癸宗宝尊彝。"其中"宗"也指"宗庙"。又《周礼·夏官·小司马》："小子，下士二人，史一人，徒八人。"郑注："小子，主祭祀之小事。"孙诒让《周礼正义》："小子者，掌小祭祀。"③ 据《周礼》，本铭中的"小子"当为官名，"宗小子"乃宗庙中主管祭祀之官。

"京室"，马承源："此处指成周的宗庙，是祭太王、王季等周的远祖庙。"唐兰："京室是周初宗庙。"京室即大室或太室，铭文中此类用法较多，如"休盘"："王才周康宫，旦，王格太室。""颂鼎"："佳三年五月既死霸甲戌，王才周康昭宫。旦，王格大室，即位。"

3. 昔才尔考公氏克逨（弼）玟王，肆玟王受兹 大 令

"考"，此处意为父亲。"弼"，辅佐、帮助。"肆"，即肆，语辞，与"惟"通。

"大令"，原铭文残缺，据文意补。

4. 余其宅兹或（国），自之辥（乂）民。

"中或"，即"中国"。马承源："指周的中心区域而言，成周为当时的中心，《史记·周本纪》称曰：'此天下之中，四方人入贡道里均。'"这是"中国"一词最早的出处，意义重大。这里的"中国"主要是指地理位置上居周统治范围的中心，政治意义上的中国到现在还未产生。

---

① 孙斌来《何尊铭文补释》，《吉林师范大学学报》1984 年第 2 期。
② 杨伯峻《春秋左传注》，中华书局 1990 年版，第 813 页。
③ 《周礼正义》，第 2250 页。

5. 尔有唯（虽）小子亡（无）戠（识），覎于公氏有爵（恪）于天，叚（徹）令苟（敬）享弌（哉）。

"唯"释为"虽"，虽然之意。"亡识"，不知晓，不了解，此处指不知晓天命。"公氏"，器主何的父考。

"爵"，马承源释为恪，爵、恪古音相同。《尚书·盘庚》："先王有服，恪谨天命。"意为敬、尊敬，这里指尊敬上天，敬重天命。

"徹命"，达命；"命"有二义：一是天命；一是行政命令，指来自于天子的命令。如果"有爵于天"之"天"释为天命，此处也应该指天命。

"享"，马承源释为奉上，《尚书·洛诰》："汝其敬识百辟享。"孔安国《传》："奉上谓之享。"奉上应该是指奉事天子。

6. 叀（惟）王韝（恭）德谷（裕）天，顺（训）我不每（敏）。王咸喜（诰）。

"叀"，读为惟，语辞。"顺"，假借为训，训诫之意。"不每"，不敏。

"咸诰"，咸，意为都、全。诰，训诰，指周王训诰何的这段话。

7. 何易贝卅朋，用乍[宜]公宝尊彝。佳王五祀。

"何易贝"，易即赐，赏赐，这里指何受赐贝。贝是海贝壳，这里是用来作为货币。

"卅朋"，朋是贝的数量单位，五枚贝为一串，每朋两串，共十枚。商代赏赐贝一般数量较少，如商代晚期的"宰椃角"，"易贝五朋"；"且子鼎"，"贝二朋"；"小臣邑斝"，"王易小臣邑贝十朋"。西周成王时期"小臣单觯"，"周公易小臣单贝十朋"；从商至周，王赐贝的数量逐渐增多，有的甚至多达百朋。本铭中所赐三十朋贝也是数量较大的。

"佳王五祀"，马承源认为是周成王五年，"典籍载武王克商，天下未集，二年而崩，成王年幼，周公践天子位而摄政当国，七年后返政成王。《史记·周本纪》：'召公为保，周公为师，东伐淮夷，残奄，迁其君薄姑。成王自奄归，在宗周，作《多方》。则言成王又在位并主持东征，金文如小臣单觯之'后戺克商'，禽簋之'王伐奄侯，周公谋禽祝，禽有脤祝，王赐金百寽'，均为成王亲主政事。可见典籍上夸大周公摄政的作用。且周公没有自己的纪年，只有王的纪年，故此五祀必是成王的五祀。"朱凤瀚认为是成王亲政后的第五年，即以《洛诰》所记周公摄政第七年致政成王这一年为成王元祀，由此始年计至第五年为尊铭所记成王五祀。① 以上是比较有代表性的两种不同的观点，在"隹王五祀"是指周成王五年这一点上是共同的，关键在于从何时计算、周公是否践天子位的问题。本人更倾向于马承源根据《史记》和金文文献得出的结论。

【大意】

周成王开始在成周营建城邑，又按照武王的祭礼举行祭祀，在太室得到祭祀武王的祭肉。四月丙戌那天，周王在宗庙里训诰宗小子何说："过去你的父亲能够很好地辅佐文王，因而文王承受上天的大命。在武王克商之后，敬告上天说：'我要在国家中心之地洛邑建立宫室，在那里治理百姓。'啊！你虽然不知晓天命，但是看到你父考公氏尊敬天命，望你通晓天命，敬事奉上。"周王伟大的德行裕容上天，训诰鲁钝的我。王训诰结束后，赐予我三十朋贝，何于是为父考铸造宝尊。时在周王五年。

---

① 朱凤瀚《召诰、洛诰、何尊与成周》，《历史研究》2006 年第 1 期。

第六章
先秦记事铭文的类别与叙事特点

　　铭文从殷商中期开始出现，经过周初的快速发展，到春秋末期，铭文已经蔚为大观。先秦人把铜器作为简帛之外的一个重要文献载体，一个献祭给神灵祖先的承担事神功能的媒介，因此当时人们十分重视铭文的撰写，有专门的祝史等官员负责。从商至周，记事铭文的形式和内容的发展与当时社会文学是基本同步的。本书重点考察先秦记事铭文的内容与类别，总结其记事特点，分析其记事风格形成的原因。

一　先秦记事铭文的内容与类别

　　关于铭文的演进，前人多有论述，容庚认为铭文的演进分为四个阶段："一、无铭的阶段，二、图形文字和祖宗名的记载阶段，三、章句略式阶段，四、章句结构完整阶段①。郭沫若也把铭文的

---

① 容庚、张维持《殷周青铜器通论》，文物出版社 1984 年版，第 85 页。

发展分为四个阶段："第一，铭文之起，仅在自名，自勒其私人之名或图记以示其所有"；第二阶段，"此阶段之彝器与竹帛同科，直古人之书史矣"；第三阶段："东周而后，书史之性质变而为文饰"；第四阶段是晚周后"铭辞之书史性质与文饰性质俱失，复返于粗略之自名，或委之于工匠之手而成为'物勒工名'"①。容庚和郭沫若从不同角度对先秦铭文的发展阶段进行划分，先秦铭文这种逐步发展过程实际上也是铭文记事功能的成熟过程，其中，容庚关于铭文发展阶段的分析更能凸显记事铭文在不同时期的特点。从殷商到战国，铭文在缓慢地发生变化，这个过程历时几百年，伴随先秦的悠久历史，铭文文体由简单走向复杂，由纤细变得丰满，最终形成多姿多彩、形态各异的先秦铭文。

先秦记事铭文从殷商时期的一个字、三五字，到鼎盛时期的西周春秋时期，三五百字已经十分常见。铜器作为载体，其记载的内容也愈加丰富，包括征伐记功、册命祭祀、赏赐训诰、宴飨田猎、土地转让、盟誓契约、婚姻争讼、宫室庙宇、典章制度等各个方面。作为独特的记事媒介，铭文在长期的记事过程中吸收记事散文的成就，形成特有的叙事风格。

铜器上未铸刻文字之时，属于容庚所说的"无铭"的阶段，此时主要依靠族徽和纹饰表现对神灵和祖先崇敬之情。殷商中期开始，人们意识到在铜器上铸刻文字可以更好地表达自己思想，因此铜器上铭文逐渐出现，铭文的记事功能开始凸显。铭文出现的早期，字数较少，如"妇好方鼎"仅有"妇好"二字，"母辛方鼎"有"祠母辛"三字，这是殷墟中期的情况，到商代晚期，铭文字数逐渐增多，可以进行简单记事，如：

---

① 郭沫若《青铜时代》，人民出版社 1954 年版，第 315—318 页。

　　王宜人方，无猷（侮），咸。王商（赏）乍册般贝；用乍父己尊。来册。（作册般甗）①

　　癸子（巳），王易小臣邑贝十朋，用乍母癸尊彝，佳王六祀，彡（肜）日，才四月。亚吴（小臣邑斝）②

　　甲寅，子商（赏）小子省贝冀五朋，省号（扬）君商（赏），用乍父乙宝彝。（小子省壶）③

　　丁子（巳），王省夒仓，王易（锡）小臣艅（俞）夒贝。佳王来正（征）人方，佳王十祀又五，彡（肜）日。（小臣俞尊）④

上面四则商代晚期比较有代表性的铭文，所记皆为商王赏赐之事。如"小臣俞尊"，于清道光年间在山东出土，应为商帝乙时器，共27字，尊是容酒器，可用于祭祀等礼仪。该铭文意为："丁巳日，王巡察夒仓，王赏赐小臣俞夒地之贝。王征伐人方归来。王十五年，肜日。"⑤ 这是一段记事铭文，记载了商王十五年征伐人方归来，祭祀以及在夒地赏赐臣子之事。该铭分别记载了商王巡察时间（丁巳）、赏赐对象（小臣艅）、赏赐财物（贝）、商王从何而来（人方）、完成任务（征伐人方）、举行大型祭祀（肜日）等六件事，可以看出，此时的铭文已经大大超出了标识功能，进入了记事范畴，其他三则铭文也是如此。与此相近，有些商代晚期铭文在记事之中加入记言内容，如：

　　乙子（巳），子令（命）小子蕍先吕（以）人于堇，子光

① 　马承源《商周青铜器铭文选》（三），第 6 页。
② 　同上，第 7 页。
③ 　同上，第 11 页。
④ 　同上，第 2 页。
⑤ 　同上，第 2 页。

赏矞贝二朋。子曰："贝，隹（唯）蔑女（汝）厤（歷）。"矞
用乍（作）母辛彝才（在）十月二，隹子曰："令望人方羇。"
（小子矞卣）①

这是目前发现的殷商时期最长的一则铭文，该铭记载"子"命小子
矞侍于堇并赏贝两朋以示奖励。文中记载了"子"对"小子
矞"说
的两句话，一是"贝，唯蔑女历"，说明了赏赐两朋贝的原因；"令
望人方羇"是"子"发布的命令，命"小子矞"到达"人方羇"。
这则铭文与上文"小臣俞尊"明显不同之处在于把"子"说的两句
话用口语的方式记载下来，此前较为罕见。记言铭文的出现，其思
想史意义和文学史意义都十分重大，人们把重要人物的话语作为历
史记录下来，意味着认识到语言中蕴含的思想和哲理，这为以后记
言散文的发展奠定了基础，成为先秦语录体散文的先声，也是我国
古老悠久的记言传统的源头。

西周初期开始，记事铭文迅速发展，在铭文中占有比例最大，
数量最多，格式随意，篇幅长短不一，从几十字到数百字不等。记
事的内容主要包括赏赐、纪功、战争、朝聘、宴飨、渔猎等内容，
在记录这些事件时，有时一篇铭文仅记载一类事情，有时一篇铭文
同时包括赏赐、战争等几件事情。

赏赐铭文主要记载周王、诸侯以及王后妃等贵族对臣下的赏
赐，赏赐的原因有很多，立下战功、完成任务、执政良好、品德高
尚、封官任职等都可以获得赏赐，赏赐的物品很丰富，但种类和内
容基本固定。商代赏赐的物品以贝为主，西周开始，田地、马、
玉、金、车以及代表身份等级的服饰等都成为主要的赐品。

在铭文中，记载周王赏赐的铭文数量最多，如：

---

① 马承源《商周青铜器铭文选》（三），第3页。

王伐葊（奄）侯，周公某（谋）禽祝，禽又（有）啟（脤）祝，王易金百守。禽用乍宝彝。（禽簋）①

乙卯，王令保及殷东或（国）五侯，征（诞）兄（荒）六品，蔑曆于保，易宾，用乍文父癸宗宝尊彝，遘（遘）于四方迨（会）王大祀，祓（祐）于周，才二月既朢（望）。（保卣）②

隹王十月既望，辰才己丑，王逢于庚嬴宫，王穰（蔑）庚嬴曆，易贝十朋，又丹一杤（管），庚嬴对扬王休，用乍氒文姑宝尊彝。其子子孙孙儁年，永宝用。（庚嬴卣）③

"禽簋"记载的是周成王赏赐周公旦之子大祝伯禽金百守，伯禽因此铸器纪念；"保卣"所记乃周成王赏赐保，"庚嬴卣"所记为康王赞扬并赐庚嬴之事。铭文中除了记载周王的赏赐，还有侯、伯、太保以及周王的后妃等赏赐臣子的，如：

燕侯令董饴太保于宗周，庚申，太保赏董贝，用作大子宝尊铼。④（董鼎）

唯十又一月邢侯征嘀于麦，麦赐赤金，用作鼎，用从邢侯征事，用飨多诸友。⑤（麦方鼎）

五月初吉甲申，懋父赏御正卫马匹自王。用作父戊宝尊彝。⑥（御正卫簋）

伯雍父来自默，蔑录历，赐赤金。对扬伯休，用作文祖辛公宝蕭簋，其子子孙孙永宝。⑦（录作辛公簋）

① 马承源《商周青铜器铭文选》（三），第 18 页。
② 同上，第 22 页。
③ 同上，第 37 页。
④ 《金文今译类检》（殷商西周卷），广西教育出版社 2003 年版，第 341 页。
⑤ 同上，第 346 页。
⑥ 同上，第 12 页。
⑦ 同上，第 58 页。

> 穆公作尹姞宗室于□林。唯六月既生霸乙卯，休天君弗望
> 穆公圣粦明弘，甫先王，格于尹姞宗室□林。君蔑尹姞历，玉
> 五品、马三匹。拜首对扬天君休。用作宝齋。①（尹姞鬲）

"董鼎"是西周早期器，记载的是燕侯命令董向太保馈赠物品，因此太保赏赐董贝，铭文中的"董"是西周时期燕国的重臣，"太保"是西周官名，负责辅佐国君和辅导太子，此文中应是召公；"麦方鼎"为西周早期器，记载邢侯赏赐麦赤金之事。邢侯是诸侯国邢国国君，麦是邢国大夫。"尹姞鬲"为西周中期器，记载王后嘉奖尹姞并赏赐其玉和马之事。文中"天君"是指先王的王后，穆公为周王朝职掌文书的官员，尹姞为穆公之妻。"御正卫簋"和"录作辛公簋"皆为大夫赏赐手下官员的铭文。

从上面所引铭文可以看出，赏赐的对象有诸侯卿大夫以至家臣或是他们的家人等，在身份上都属于执政阶层，如"禽"为大祝，"董"为地位很高的大臣，"麦"为邢国大夫等。铭文中记载的赏赐物品比较丰富，殷商铭文中出现最多的是"贝"，多为商王赏赐臣子"贝五朋"、"贝二朋"等，"贝"在商代是货币，《说文》："贝，海介虫也。古者货贝而宝龟，周而有泉，至秦废贝行钱。"①西周初期开始，除了继续把贝作为赏赐物之外，田地、金、圭瓒、祭酒、冕服、服饰、车、马、旂旗、臣民等都是主要的赐品，如："赐有事利金"（利簋）、"麦赐赤金"（麦方鼎）、"赐汝赤市、幽黄、攸勒"（南宫柳鼎）等。

在周代，册命与赏赐是相伴随的，赏赐可以单独进行，可以与册命无关，但举行册命之时必有赏赐。因此在周代的册命铭文之中，常见各种规格的赏赐，如：

---

① 《金文今译类检》（殷商西周卷），广西教育出版社 2003 年版，第 632 页。

佳三年五月既死霸甲戌，王在周康卲（昭）宫。旦，王各（格）大室，即立（位）。宰引右颂入门，立中廷。尹氏受（授）王令书。王乎史虢生册令颂。王曰："颂，令女（汝）官嗣成周寅（贮）廿家，监嗣新窟（造）寅（贮）用宫御，易女（汝）玄衣黹屯（纯）、赤市朱黄、嗣緐旂、攸勒，用事。"颂拜頴首，受令，册佩目出，（返）入（纳）董（觐）章（璋）。颂敢对扬天子不显鲁休，用乍朕皇考龏弔（叔）皇母龏始（姒）宝尊鼎，用追孝，旛（祈）匄康龖屯（纯）右（佑）、通录（禄）、永令。颂其万年眉寿，龩臣天子，霝冬（终）。子子孙孙宝用。（颂鼎）①

颂鼎为周宣王时器，共有铭文 151 字。颂鼎的铭文在册命铭文中比较有代表性，记录的册命仪式完整，册书内容全面。铭文记录了周宣王册命大臣颂的过程，册命仪式举行之前，宣王来到祖庙，第二天清晨抵达祖庙太室，接受册命的大臣颂在宰的引导下站立于太室中廷，史虢代王宣读册书。册书中既有对颂职务的任命，也有对其赏赐，赐品为"玄衣黹纯、赤、朱黄、緐、旂、攸勒"，这些物品不仅具有财物的意义，更重要的是代表官位，为官位之标志。册命赐品与一般赏赐所赐物品性质不同，平时的赏赐物品较为驳杂，可以是金、玉、贝、牛等杂物，而册命必须是成套的冕服、市舄、车马饰物、旂旗兵器等舆服赐物。此两种赐物之分别，显示册命舆服为代表官方之信物，为政府任命官员爵位、身份及权力之象征②。

"国之大事，在祀与戎"，战争在先秦时期一直是在国家中占有重要地位，有许多铜器对当时的战争有所记录。记载战争的铭文一

① 马承源《商周青铜器铭文选》（三），第 302—303 页。
② 陈汉平《西周册命制度研究》，学林出版社 1986 年版，第 277 页。

般不详细描绘战争的过程，多为关注事件的存在，重在叙述战争的发生和结果，以及器主在战争中的作用。如：

> 明公簋：唯王令明公遣三族伐东国。在□鲁侯有卜功，用作旅彝。①

明公簋为西周早期鲁国器，又名鲁侯尊，周鲁侯彝，共有铭文23字。"王"应指成王；"明公"是周公旦的尊称；"鲁侯"即指鲁国君主。该铭记载了周成王命周公旦派遣军队征讨东部国家，战争中鲁侯立下战功，因此铸铭纪念。该铭篇幅很短，有关战争的内容只有一句，铭文的重点在于说明鲁侯在讨伐东方方国战争中立功一事，这也是与铸铭的目的相符。有关战争的过程、时间，鲁侯在战争中的作用，获得战功的过程等诸多与战争相关的信息都未涉及。相类似的铭文还有很多，如：

> 虢仲以王南征，伐南淮夷。在成周。作旅盨。兹盨有十又二。②（虢仲盨盖）
> 过伯从王伐反荆，俘金，用作宗室宝尊彝。③（过伯簋）
> 唯九月，鸿叔从王员征楚荆。在成周，诶作宝簋。④（鸿叔簋）

如果说对于战争记录的简略是由于篇幅字数所限，那么我们看几则字数较多的铭文：

---

① 《金文今译类检》（殷商西周卷），第5页。
② 同上，第643页。
③ 同上，第3页。
④ 同上，第24页。

佳白（伯）犀父昌（以）成白（师）即东，命戍南夷。正
月既生霸辛丑，……白（伯）犀父皇竞各（格）于官。竞蔑
厤，商（赏）竞章（璋）。对扬白（伯）休，用乍父乙宝尊彝，
子孙永宝。（竞卣）①

叡！东尸（夷）大反。白（伯）懋父昌殷八自（师）征东
尸（夷）。唯十又一月，遣（遣）自甞自，述东陕，伐海眉。
雩厷复归在牧自（师）。白（伯）懋父异（承）王令易自（师）
逨征自五齵贝。小臣谜蔑厤，罘易齵贝。用乍宝尊彝。（小臣
谜簋）②

㝬曰：“呜呼！王唯念㝬辟烈考甲公。王用肇使乃子㝬率
虎臣御淮戎。”㝬曰：“呜呼！朕文考甲公文母日庚弋休，则
尚，安永宕乃子㝬心，安永袭㝬身，厷复享于天子，唯厷使乃
子㝬万年辟事天子，毋又眨于厷身。”㝬拜首稽首，对扬王令，
用作文母日庚宝尊䕨彝，用穆穆夙夜尊享孝绥福，其子子孙孙
永宝兹烈。③（㝬方鼎）

"竞卣"为西周中期器，记载了两件事，一是伯犀父受穆王指派率
军防守淮夷侵犯，二是伯犀父在表彰作器者"竞"的功绩，并加以
赏赐。该铭所记周与淮夷之间的战争是作为"竞"受嘉奖的背景出
现的，"竞"铸器的目的是记录立功受赏，对于战事没有作为重点，
故记述简略。小臣谜簋记载战争情况与竞卣相类，该铭记录了康王
时期伯懋父率领殷八师平叛东夷获胜归来，并赏赐众臣，小臣谜也
是被赏赐的对象，因此铸器记事，这里战争也是以赏赐的背景出
现，只不过对战争的记录比竞卣铭文详细一些。㝬方鼎铭文记载战

---

① 马承源《商周青铜器铭文选》（三），第 123 页。
② 同上，第 50 页。
③ 《金文今译类检》（殷商西周卷），第 444 页。

争情况与前两器相同，对战争的记录十分简略。

宴飨是西周时期重要的礼仪。"宴飨"，亦作"宴享"、"燕享"等，即宴礼与飨礼，《左传》成公十二年晋国大夫郤至曾说："世之治也，诸侯间于天子之事，则相朝也，于是乎有享宴之礼。享以训共俭，宴以示慈惠。共俭以行礼，而慈惠以布政。政以礼成，民是以息。百官承事，朝而不夕，此公侯之所以扞城其民也。故《诗》曰：'赳赳武夫，公侯干城。'"① 这段论述可谓深得宴飨礼仪的精髓，从中也可以看出宴飨在社会中重要地位。铭文也有许多关于宴飨的记载，首先，人们充分认识到宴飨对于朋友、亲人相互交流的意义，如"伯康簋"铭文：

> 伯康作宝簋，用飨朋友，用餷王父王母。佗佗受兹永命，无疆纯祐。康其万年眉寿，永宝兹簋，用夙夜无匃。②

铭文中"伯康"是人名，亦为本铜簋之主。铭文说明铸造此簋的目的是用来宴飨朋友，侍奉父母，获得绵绵长命和神灵的全力保佑。可见，当时人们已经非常重视宴飨活动，宴飨成为人们生活中重要的组成部分。又如，"杜伯盨"："杜伯作宝盨。其用享孝皇神祖考。于好朋友。用桒寿匄永令。其万年永宝用。"③ "卫鼎"，"卫肇作厥文考己仲宝鼎，用桒寿、匄永福，乃用飨王出入使人眔多朋友，子孙永宝。"④ "先兽鼎"，"先兽作朕考宝尊鼎，兽其万年永宝用，朝夕飨厥多朋友。"⑤ "应侯盨"，"应侯再肇作厥丕显文考釐公尊彝，

---

① 杨伯峻《春秋左传注》，中华书局 1990 年版，第 857—858 页。
② 《金文今译类检》（殷商西周卷），第 81 页。
③ 同上，第 648 页。
④ 同上，第 367 页。
⑤ 同上，第 316 页。

用绥朋友，用宁多福。再其万年永宝。"① 这些铭文都把宴飨朋友作为铸器的目的。

有些铭文记录了国君或大臣举行的宴飨，但记载比较简略，一般只记录何时何地举行宴飨，如"天亡簋"，"丁丑，王飨，大房"②。记载周武王在丁丑日举行宴飨之事，地点在天室，前面铭文已有交代，宴飨的对象及过程未录。又如：

> 佳六月既生霸，穆穆王才莽京。乎（呼）渔（渔）于大池。王卿（飨）酉（酒）。遹御亡遣，穆穆王窥（亲）易遹鞞。遹拜首（手）頓首，敢对扬穆穆王休，用乍文考父乙尊彝。其孙孙子子永宝。（遹簋）③

"遹簋"为西周穆王时器，铭文记载了在六月的一天，穆王在丰京渔猎，之后举行隆重的酒宴，遹侍奉较好，受到周王的赏赐。该铭记录了此次宴飨活动的时间、地点、参加人员，更多的关于宴飨的信息并未涉及。

先秦记事铭文还记载了当时渔猎、狱讼、盟誓等内容，如：

> 唯正月丁丑，王格于吕敀。王牢于厭。咸宜。王令士道馈貉子鹿三。貉子对扬王休。用作宝尊彝。④（貉子卣）
> 唯正月既望癸酉，王狩于眠敝。王令员执犬。休善，用作父甲蕭彝。巢。⑤（员方鼎）

---

① 《金文今译类检》（殷商西周卷），第647页。
② 同上，第168页。
③ 马承源《商周青铜器铭文选》（三），第104页。
④ 《金文今译类检》（殷商西周卷），第582页。
⑤ 同上，第335页。

　　唯卅又一年三月初吉壬辰，王在周康宫大室。鬲从以攸卫牧告于王。曰："汝受我田牧，弗能许鬲从。"王令眚，史南以即虢旅，廼使攸卫牧誓曰："敢弗具付鬲从其租谢，分田邑，则放。"攸卫牧则誓。从作朕皇祖丁公皇考叀公尊鼎。鬲攸从其万年子子孙孙永宝用。①（鬲攸从鼎）

这些铭文中关于渔猎、盟誓的记载都很简略，"貉子卣"仅记载了周王到吕地狩猎，并将猎获的野兽圈养起来，同时赏赐手下。"员方鼎"则记载周王在昳敝狩猎，器主员负责照料猎犬，并出色完成任务，受到赞扬。"鬲攸从鼎"记载"鬲从"对"攸卫牧"的诉讼，铭文对诉讼大致过程简要记载，但对周王之命和"攸卫牧"的誓言记载较详。

　　上面我们简要梳理了先秦时代赏赐、战争、宴飨、渔猎、诉讼等铭文记事的结构和内容，我们选取的铭文在各类铭文中都具有很强的代表性，通过这些铭文的分析，我们可以基本掌握先秦记事铭文的叙事特点。

二　记事铭文的叙事特点及成因

　　记事铭文记载的内容之间存在很大差异，跨越了商代中期至战国末期的千年历史，但在记事方法上还有一些共同之处。一是记事简略，铭文在记录这些当时被认为十分重要的事项的时候，都只是说明参与时间、人员、地点等事件相关的最基本情况，并没有详细叙述事件的起因、发生过程等内容。记事铭文的这个特点是铜器铭文所独有，还是先秦记事文的普遍特征，这个问题我们可以通过考

————————

① 《金文今译类检》（殷商西周卷），第 438 页。

察先秦记事文解决。在先秦记事文中，《春秋》比较有代表性，我们以《春秋》与铭文进行比较：

> 隐公四年：四年春王二月，莒人伐杞，取牟娄。戊申，卫州吁弑其君完。夏，公及宋公遇于清。宋公、陈侯、蔡人、卫人伐郑。秋，翚帅师会宋公、陈侯、蔡人、卫人伐郑。九月，卫人杀州吁于濮。冬十有二月，卫人立晋。①
>
> 文公元年：元年春王正月，公即位。二月癸亥，日有食之。天王使叔服来会葬。夏四月丁巳，葬我君僖公。天王使毛伯来锡公命。晋侯伐卫。叔孙得臣如京师。卫人伐晋。秋，公孙敖会晋侯于戚。冬十月丁未，楚世子商臣弑其君頵。公孙敖如齐。②
>
> 成公八年：八年春，晋侯使韩穿来言汶阳之田，归之于齐。晋栾书帅师侵蔡。公孙婴齐如莒。宋公使华元来聘。夏，宋公使公孙寿来纳币。晋杀其大夫赵同、赵括。秋七月，天子使召伯来赐公命。冬十月癸卯，杞叔姬卒。晋侯使士燮来聘。叔孙侨如会晋士燮、齐人、邾人代郯。卫人来滕。③

上面分别是鲁隐公、文公、成公三个时期《春秋》的记载，这三段引文包括了战争、朝聘、赏赐、会盟、婚姻、丧葬、弑君等当时社会生活中的重要内容，如关于战争的记载，隐公四年《春秋》共记录了三场战争，一是"四年春王二月，莒人伐杞，取牟娄"，这是莒与杞两个小国之间发生的战争，莒国派兵攻打杞国，最终占领牟娄。关于这场战争，《春秋》交代了时间、参战者、结果，对于战

---

① 杨伯峻《春秋左传注》，第 33—35 页。
② 同上，第 507—509 页。
③ 同上，第 836 页。

争起因、参战人数、双方将领、过程等都未说明。第二场战争是
"夏，……宋公、陈侯、蔡人、卫人伐郑"，这次战争记载更为简
略，仅有大致时间，没有具体到月，交代了参战国家，战争过程、
结果等也未涉及。此事《左传·隐公四年》的记载较详：

> 宋殇公之即位也，公子冯出奔郑，郑人欲纳之。及卫州吁
> 立，将修先君之怨于郑，而求宠于诸侯以和其民，使告于宋
> 曰："君若伐郑以除君害，君为主，敝邑以赋与陈、蔡从，则
> 卫国之愿也。"宋人许之。于是，陈、蔡方睦于卫，故宋公、
> 陈侯、蔡人、卫人伐郑，围其东门，五日而还。[①]

根据《左传》可知，这次战争起因是宋、卫与郑国之间积怨已久，
卫国国君初立，欲在国内外树立威信，所以主动邀请宋国为首攻打
郑国，而陈、蔡与卫同盟，所以四国出兵攻打郑国，结果是包围郑
国东门，五日而还。把《春秋》、《左传》二者对比，可以明显看出
《春秋》记事之略。第三场战争"秋，翚帅师会宋公、陈侯、蔡人、
卫人伐郑"，这是上次战争的继续，所以《左传》称"诸侯复伐
郑"，鲁国派军队参战。

关于赐命的记载，《春秋》文公元年载"夏四月丁巳，葬我君
僖公。天王使毛伯来锡公命。"杜注："毛国，伯爵，诸侯为王卿士
者。诸侯即位，天子赐以命圭合瑞为信。僖十一年'王赐晋侯命'，
亦其比也。"[①]鲁僖公去世，文公即位，所以周天子派毛伯赐命。成
公八年载"秋七月，天子使召伯来赐公命"。杜注："诸侯即位，天
子赐以命圭，与之合瑞。八年乃来，缓也。"[②]这两则关于天子赐命
的记载，仅有时间、赐命者和受命者，赐命与赏赐并行，这里赐命

---

① 杨伯峻《春秋左传注》，第36页。

时天子赐予的命圭和赏赐物品都未记录，也是非常简略。其他关于丧葬、婚姻、会盟等内容的记载在叙事角度上都非常相近，都是只叙述事件最基本的要素，不作评价。《春秋》记事的这种简略的特点与先秦铭文记事非常相近，这是二者最大的共同之处。

这种记事简略的特点或者叙事风格形成的原因主要有二：一是书写载体的限制，竹简和铜器作为文字的载体，书写上都不便利，特别是铜器，铸刻文字要经过更为复杂的工序，这些客观技术上的先天不足直接对思想的表达产生影响。二是与作者记事的目的有关，记事既是行为的表现形式，又是行为的目标，所以词语的选择、句式的运用、形式的确定等都需要为这个目的服务，运用最经济的词汇和句式完成任务，这也是史官追求的境界。

二是突出重点。这与铭文的铸刻目的紧密相关，颂德纪功是铭文铸刻者的追求，也是铭文产生、发展和存在的根源。《礼记·祭统》："夫鼎有铭，铭者，自名也。自名，以称扬其先祖之美，而明著之后世者也。为先祖者，莫不有美焉，莫不有恶焉，铭之义，称美而不称恶。此孝子孝孙之心也。唯贤者能之。铭者，论撰其先祖之有德善，功烈勋劳庆赏声名，列于天下，而酌之祭器，自成其名焉，以祀其先祖者也。显扬先祖，所以崇孝也。身比焉，顺也，明示后世，教也。夫铭者，一称而上下皆得焉耳矣。是故，君子之观于铭也，既美其所称，又美其所为。为之者，明足以见之，仁足以与之，知足以利之，可谓贤矣。贤而勿伐，可谓恭矣。"① 《礼记》对铸铭目的的总结很全面，这段论述指出了铭文"自名"的本质和"称扬其先祖之美，而明著之后世"的目的。在当时，无论单独记载赏赐，或把赏赐作为重点来记述，战争、宴飨、渔猎、朝聘、婚姻等事件或活动在铭文中大多作为赏赐的背景或原因出现，放在次

① 《礼记正义》，第3486—3487页。

要位置，因此在文字描述上就更为简单。

三是格式基本固定，大量使用习语。先秦记事铭文，无论记载什么内容，都有一个基本固定的格式，一般是时间、地点、人物、时间、赏赐或事件、作器铭识等几个部分，其中赏赐是核心内容。铭文固定的格式和习语是在长期运用过程中逐步形成的，继承性非常明显。商代的铭文格式被周代继承，周初的模式又被其后的各个时期所接受。先秦记事文的记事模式也比较固定，如《春秋》记事，从隐公至哀公，虽然历史跨度较大，但几乎都按照统一的格式叙写春秋的历史。在习语方面也是如此，金文常用习语如"用作某某尊彝"、"用乍某某鼎"、"克明其德"、"克哲其德"、"对扬王休"、"拜首稽首"、"子孙永宝用"、"子子孙孙永宝用"、"丕显"等，这些习语有些也见于《诗经》、《尚书》、《左传》等文献，如《周颂·维天之命》"于乎不显，文王之德之纯"、《周颂·执竞》"不显成康，上帝是皇"，《左传·僖公二十三年》："他日，公享之。子犯曰：'吾不如衰之文也，请使衰从。'公子赋《河水》，公赋《六月》，公子降拜，稽首，公降一级而辞焉。"《尚书·舜典》"益拜稽首，让于朱虎、熊罴。"从这些传世文献对习语的使用可以看出，铭文中出现的很多习语是在当时社会中经常使用的，也是当时常用的书面语。这些习语中有的属于铭文所特有的，如"用作某某尊彝"之类，使用的范围仅限于铜器铭文。

先秦铜器铭文中的记事并非有意而为，属于颂德纪功的副产品，铭文作者并未考虑叙事技巧、叙事原则等问题，这与作为史书的《春秋》有很大的差别，《春秋》的记事是有意为之，有着严谨的记事原则、方法以及选词用句的规范，形成独特的"春秋笔法"，成为后世史官修史的圭臬，影响中国历代史事的撰写。铭文的记事与时代文学语言的发展同步，本身吸收了语言文学的成果，为我们了解先秦社会的文化发展提供了客观真实的文本。

三　记事铭文选释

（一）作册般甗

作册般甗，又名王宜人甗、般甗、服作父乙甗。商代帝乙帝辛时器，有铭 3 行 20 字。现藏于故宫博物院。

【铭拓】

【释文】

王宜人方，无敄（侮），

咸。王商（赏）乍册般贝；

用乍父己尊。来册。[1]

---

① 马承源：《商周青铜器铭文选》（三），第 6 页。

【集释】

1. 王宜人方

"宜",祭祀名,在出兵之前举行祭社仪式。《书·泰誓》:"类于上帝,宜于冢土。"《注》:"祭社曰宜。冢土,社也。"《礼记·王制》:"宜乎社。"《注》引《尔雅》,"起大事,动大众,必先有事乎社,令诛罚得宜。"又《尔雅·释天》:"起大事,动大众,必先有事乎社而后出,谓之宜。"

"人方",方国名。殷商末期帝乙帝辛时代之国,学者一般认为属于东夷。"人",又隶定为"夷"。

2. 无斁(侮),咸。

"无斁",即无侮。吉语。"斁",即务,假借为"侮"。《尔雅·释言》:"务,侮也。"《诗经·小雅·棠棣》:"兄弟阋于墙,外御其务。"毛传:"务,侮也。"

"咸",都、皆。《说文》:"咸,皆也,悉也。"《尔雅·释诂》:"咸,皆也。"此处指祭祀完毕。又,有学者把"咸"与下句的"王"连称为"咸王",指周公,认为与周王并列。① 可备一说。

3. 王商(赏)乍册般贝

"乍册般",作册为职官名,"般"是人名。"乍册"常见于金文,如殷商末期的"六祀邲其卣"、"作册般铜鼋"等。

【大意】

商王在出征人方之前在社举行祭祀,神灵会保佑克敌归来。祭祀完毕。王赏赐作册般贝。因而为父己铸造此尊。

(二)爰簋

爰簋,西周早期穆王时器,1975 年陕西扶风县法门公社白家

---

① 徐中舒《先秦史论稿》,巴蜀书社 1992 年版,第 138 页。

村墓葬出土。共有铭 11 行 134 字。现藏于陕西省扶风县博物馆。

【铭拓】

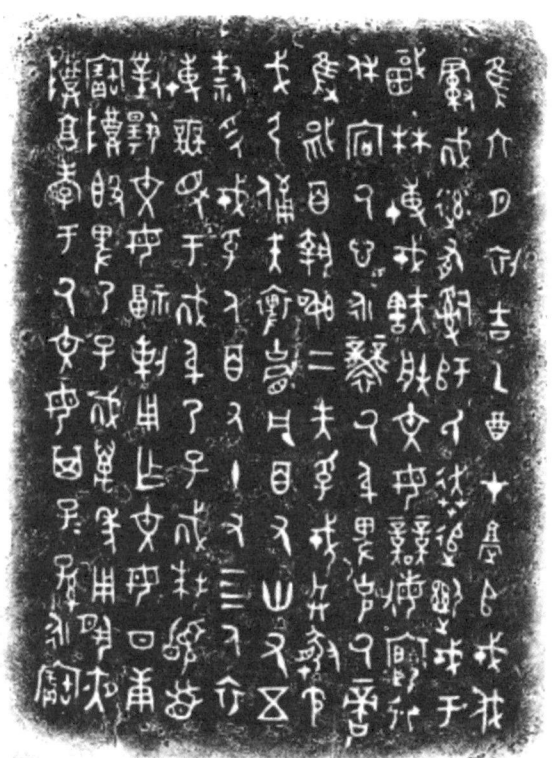

【释文】

隹六月初吉乙酉，才（埋）自，戎伐

敔。戙達（率）有嗣师氏徟（奔）追卿（御）戎于

鬬林，博（搏）戎戫。朕文母竞敏竃行，

休宕氒心，永襲（袭）氒身，卑（俾）克氒啻（敌），

隻（获）鼄百，执噉（讯）二夫，孚戎兵：慷（盾）、矛、

戈、弓、備（箙）、矢、裦（裨）、胄，凡百又卅又五

叙（款），孚（捊）戎孚人百又十又四人。衣（卒）

博（搏），无眅于戜身，乃子戜拜頴首，

对扬文母福剌（烈），用乍文母日庚，

宝尊簋。卑（俾）乃子戜万年，用夙夜

尊享孝于毕文母，其子子孙孙永宝。①

【集释】

1. 隹六月初吉乙酉，才壴自戎伐戴。

"初吉"，西周月相名。"壴自"，地名，是戜征讨淮戎的驻军之地。马承源认为壴与籀文堂相似而微异；黄盛璋认为"壴"为"堂"的古文，"壴自"地望当为《春秋·定公五年》吴大夫奔楚所封的堂谿。②"戴"，地名，黄盛璋认为是《史记》楚昭阳伐魏取郾之郾。

2. 戜逮（率）有嗣师氏徛（奔）追鄩（御）戎于臧林，博（搏）戎馘。

"戜"，又称录戜、录伯戜，西周穆恭时期人，录国首领。"逮"，读为率。

"臧林"，地名，黄盛璋认为是《左传·襄公十六年》所载"夏六月，次于棫林"之"棫林"，又《左传·襄公十四年》晋伐秦，"济泾而次，……至于棫林"。马承源认为其地在泾水之西，淮夷似不可能到达宗周深远的腹地，或是另一地名。

3. 朕文母竞敏窬行，休宕毕心，永襲（袭）毕身，卑（俾）克毕啻（敌）。

"文母"，戜的母亲，这是对其母赞美的称呼。

"竞敏窬行"，形容其母强干敏捷。"竞"，马承源释为"强"，

① 马承源《商周青铜器铭文选》（三），第115页。
② 黄盛璋《录伯戜铜器及其相关问题》，《考古与文物》1983年第5期。

《左传·宣公元年》"故不竞于楚"，杜预注："竞，强也。""竸"，黄盛璋认为是启的异文。

"休宕乓心"，"休"，美。"宕"，通当"荡"，宽广之意，这里指其母心胸宽广。

"永袭乓身"，袭，受也。《左传·昭二十八年》："故袭天禄，子孙受之。"这里指戜继承其母的品德。

4. 衣（卒）博（搏），无㪯于戜身

"衣"，马承源谓即"卒"，卒从衣从十，省作衣。"无㪯"，无伤。

【大意】

在六月初吉乙酉那天，军队驻扎在塿白，淮戎进犯馼地。戜率领官吏、师氏和士兵快速在臧林攻打淮夷。在馼地与敌军激烈交战。我伟大的母亲强干敏捷，心胸宽广德行美好，永远影响着我的行为，使我能够克敌制胜，杀敌百人，俘虏二人，缴获敌人的兵器有盾、矛、戈、弓、箭囊、矢、甲、胄，一共一百三十五件，夺回被淮戎俘获的人有一百一十四人。于是为我伟大的母亲铸造此簋，保佑儿子戜万年长寿，用来日夜尽孝于伟大的母亲，希望后世子孙永远珍藏使用。

结语
先秦铭文文体要素的文化内涵

先秦铜器铭文虽然可以进行更为详细的分类，分成如册命、训诰、记事等多种类别，但是铭文作为一种特殊的文体，在总体形式上有其比较稳定的构成，即文体要素。有的文体要素几乎是每个铭文都具备的，如"用作某宝鼎"、"子孙永宝用"、"隹某年某月"等，也有一些是铭文中的某一小类具备的，如"王才某宫"、"王格大室"等是册命铭文固有的标志，有的属于某几类铭文共同具有的文体要素，如"拜首稽首"、"对扬王休"等，一般出现于册命铭文和赏赐铭文之中。本章选取"拜手稽首"和"子孙永宝用"两个比较有代表性的铭文文体要素进行分析，研究其主要形式、应用特征及文化内涵。

一 "拜手稽首"：铭文文体
要素的礼文化属性

在现存大量西周铜器铭文中，册命铭文数量较多，占有较大比例。"册命"是指封官授职，是西周社会非常重要的典礼，天子任命百官封建诸侯、诸侯封卿大夫、卿大夫封臣宰，都需要举行此礼。《说文》："册，符命也。诸侯进受于王也。"①西周册命铭文是当时王室、公室或诸侯册命的真实记载，因此，册命铭文也是最能反映西周社会礼仪制度的铭文。

册命文字原书于简册，册命时由专人当廷宣读，受命者接受册命后铸器铭记。在体制上比较完整的西周册命铭文一般包括册命的时间、地点、册命仪式、授职、赐物、受命仪式、作器铭识等七个部分，也有部分册命铭文省略部分内容。"拜手稽首"属于"受命仪式"，是册命铭文文体结构中比较重要的文体要素，也是与西周礼仪制度关系颇为密切、礼乐文化意味较为浓厚的一项。它不仅在铭文中使用频繁，成为册命铭文的重要组成，并且能够真实反映西周时代礼乐文化对铭文文体的影响。本章以先秦青铜铭文为研究对象，分析"拜手稽首"的礼乐文化内涵、考察其在西周青铜铭文中的运用以及发展演变的轨迹。

（一）"拜手稽首"的礼乐文化内涵

"拜手稽首"在铭文中一般为"拜手頴首"、"拜首頴首"、"拜頴首"。"頴首"同"稽首"，是古代的一种跪拜礼，行礼时，要叩头至地。①贾公彦认为，"稽首，其稽，稽留之字，头至地多时，则为稽首也。"在周代，稽首为最敬之礼，《周礼·春官·大祝》："辨九拜，一曰稽首，二曰顿首，三曰空首，四曰振动，五曰吉拜，六曰凶拜，七曰奇拜，八曰褒拜，九曰肃拜，以享右、祭祀。"贾公彦疏："稽首，拜中最重，臣拜君之拜。"②作为九拜中最重要的礼仪，稽首礼一般用于朝见国君，或是君王慰劳臣子时，臣子用于答

① 陈初生《金文常用字典》，陕西人民出版社 2004 年版，第 848 页。
② 《周礼注疏》，第 1757 页。

谢之礼。"拜手稽首",孔颖达:"初为拜头至手,乃复申头以至于地,至于是为'拜手',至地乃为'稽首'。然则凡为稽首者,皆先为拜手,乃后为稽首。故'拜手稽首'连言之,诸言'拜手稽首',义皆同也。"① 又顾炎武《日知录》卷二十八:"古人席地而坐,引身而起,则为长跪。首至手则为拜手。手至地则为拜。首至地则为稽首。此礼之等也。君父之尊必用稽首。拜而后稽首,此礼之渐也;必以稽首终,此礼之成也。"② 则"拜手稽首"为两个连续礼仪动作的组合,一般配合使用,行礼时先跪倒在地,双手至地,额头触手;头至手之后,再触地,并作短暂停留。

在西周时期礼乐文化的背景下,拜手稽首之礼的内涵相对固定,该礼对适用对象和使用场合的要求也十分严格。按照礼制的要求,稽首之礼适用于君臣之间,《礼记·曲礼》:"大夫士见于国君,君若劳之,则还辟,再拜稽首。"这在西周铭文中可以得到很好的证明,铭文中出现行稽首礼的都是大臣拜谢君王,如西周恭王时期"休盘":

> 隹廿年正月既望甲戌,王才周康宫,旦,王各(格)大室,即立(位)。益公右走马休,入门,立中廷,北卿(向)。王乎(呼)乍册尹册易休玄衣……休拜頴首,敢对扬天子不显休令,用乍朕文考日丁尊般(盘),休其万年子子孙孙永宝。③

周大臣"休"受周恭王赏赐,以稽首礼致谢恭王。铭文中册命地点的太室、册命赏赐的仪式、参加仪式官员的职责都有详细的规定,

① 《周礼注疏》,第 348 页。
② (清)顾炎武著,黄汝成集释,秦克诚点校《日知录集释》,岳麓书社 1994 年版,第 983 页。
③ 马承源《商周青铜器铭文选》(三),第 151 页。

册命仪式庄重严肃，"休"作为受赐者行为举止必须按照仪节规定进行，其所行稽首之礼也是必须完成的礼仪中非常关键的一环，这也可以说明在周代大量与赏赐有关的铭文中，受赐者为何都要在铭文中加上"拜手稽首"这一礼仪的原因。

在周代，稽首之礼仅适用于臣对君或下级对上级，不适用于地位相同者。《左传·哀公十七年》："公会齐侯盟于蒙，孟武伯相。齐侯稽首，公拜。齐人怒，武伯曰：'非天子，寡君无所稽首。'"①齐侯向鲁哀公行稽首礼，而鲁哀公拜以对。很明显，齐侯稽首乃最敬之礼，而鲁哀公并未还以稽首，所以，齐人大怒。但为哀公相礼的孟武伯却道出其中缘由，按照礼制的规定，作为诸侯的哀公，仅能向周天子行稽首礼。齐侯也应该只对周天子用此礼，他向哀公行稽首礼，是他不知礼的结果，无关他人。发生在春秋时代的这个历史事件，从反面说明，鲁国君臣作为周公的后裔，仍然严格遵守礼制，而齐国君臣由大怒到无言，也证明了西周时期稽首之礼仅为君臣之间这一原则的合理性。因此当他人行此礼之时，知礼者定当辞让不受，如《左传·僖公二十三年》："公子赋《河水》，公赋《六月》，公子降，拜，稽首，公降一级而辞焉。"②秦伯辞谢的行为是知礼守礼的表现。

由于稽首之礼明确的指向性，作为大夫的家臣，就不能对自己主人行此礼，《礼记·郊特牲》："大夫之臣不稽首，非尊家臣，以辟君也。"这是为了表示对国君的尊重，也是表明稽首之礼的严肃性。

（二）"拜手稽首"在铭文中的运用与文体价值

在先秦铭文中，"拜手稽首"主要应用于册命、赏赐以及祭祀

---

① 杨伯峻《春秋左传注》，第 1711 页。
② 同上，第 410 页。

类铭文，是器主答谢赏赐者的礼仪。册命类铭文中出现的"拜手稽首"一词比较频繁，在所有铭文中占有较大比例。"册命"是指封官授职，是周代社会非常重要的典礼，天子任命百官，封建诸侯，诸侯封卿大夫，卿大夫封臣宰，都需要举行此礼。《说文》："册，符命也。诸侯进受于王也。""册"又通作"策"，《左传·昭公三年》："授之以策"注："策，赐命之书。"周代册命铭文是对当时王室、公室或诸侯册命过程的实录，册命原书于简册，在举行册命仪式时由专人当廷宣读，受命者接受册命后根据命书内容铸器铭记。①册命制度在西周时期建立，经过礼崩乐坏的春秋战国时期，周代册命制度已经难闻其详，即使是熟悉礼乐制度的孟子，当北宫锜问"周室班爵禄也如之何"时，也只能说"其详不可得闻也，诸侯恶其害己，而皆去其籍，然而轲也尝闻其略也。"西晋时杜预亦云："天子锡命，其详未闻。"周代册命礼仪的详细情况难以从传世文献获得准确答案，但周代铭文的有关记录可以部分弥补文献的缺失，使我们可以获得册命礼仪的大概，也能够了解"拜手稽首"在册命铭文中的作用。

据现存的周代铭文，完整的册命铭文一般包括册命的时间、地点、册命仪式、册命授职、赐物、受命仪式、作器铭识等七个部分。如周懿王时"师虎簋"：

> 佳元年六月既望甲戌，王才杜壴（居），各（格）于大室。井白（伯）内（入）右师虎，即立中廷，北卿（向）。王乎（呼）内史吴曰："册令虎。"王若曰："虎，载（载）先王既令乃取（祖）考事，啻（适）官罰左右戏鯀（繁）荆。今余佳帅井（型）先王令，令女（汝）更（赓）乃取（祖）考，啻

---

① 陈汉平《西周册命制度研究》，学林出版社 1986 年版，第 2—3 页。

（适）官嗣左右戏緐（繁）荆，苟（敬）夙夜勿灋（废）朕令。易女（汝）赤舄，用事。"虎敢拜頡首，对扬天子不杯鲁休，用乍朕剌（烈）考日庚尊簋。子子孙孙其永宝用。①

师虎簋铭文是形式上比较完整的册命铭文，可以作为西周册命铭文的代表。"隹元年六月既望甲戌"是此次册命的时间，"王才杜苙（居），各（格）于大室"是册命的地点，"井白（伯）内（入）右师虎，即立中廷，北卿（向）"为册命仪式，"王乎（呼）内史吴曰……'啻（适）官嗣左右戏緐（繁）荆，苟（敬）夙夜勿灋（废）朕令'"为册命授职，"易女（汝）赤舄，用事"为赐物，"虎敢拜稽首，对扬天子丕杯鲁休"是受命仪式，"用乍朕剌（烈）考日庚尊簋。子子孙孙其永宝用"为作器铭识。册命铭文中有些比较简略，如恭王或懿王时期的楚簋：

> 隹正月初吉丁亥，王各（格）于康宫。中（仲）偁父内（入）又（佑）楚立中廷，内史尹氏册命楚赤𢀚（雍）市、縊旂，取遣五寽（锊），嗣斧（荐）啚（鄙）官内师舟。楚敢拜手頡首，寰（对）扬天子不显休。用乍尊簋。其子子孙孙万年永宝用。②

楚簋铭文记载周王对楚的册命。时间是正月初吉丁亥日，地点为康宫，受册命人为楚，仲偁父陪同楚；过程是：楚站在庭的中部，内史尹氏向楚宣读周王册命，并赏赐雍市、銮旂，确定其俸禄，任命其官职。楚行稽首礼，并称颂感谢天子恩德。因此铸造此器，愿自己子孙后代永远珍用。该铭省略了内史尹氏宣读册命书的过程，仅

---

① 　马承源《商周青铜器铭文选》（三），第 167 页。
② 　同上，第 162 页。

用"内史尹氏册命楚"一笔带过，也没有记录册命书的原文，而是选择册命书中的赏赐物品和所授官职代替。

由师虎簋和楚簋铭文可以看出，册命由一系列连续固定的仪节组成的，从册命仪式开始到结束，都有相应的规定。册命铭文，不仅记载了册命过程，还记录了册命的时间、地点、参加人员以及作器的目的。以师虎簋为例，"拜手稽首"在铭文中属于册命礼仪中"受命仪式"部分，是师虎答谢君王的礼仪。师虎作为受命者，在内史吴代表周懿王宣布对他的册命和赏赐之后，行拜稽首之礼表示感谢，这是整个册命仪式的重要构成，是在礼仪动作上对周王册命的回敬，因此在制作铭文时也不能忽视，要把它作为受命者的关键礼仪记录下来，正是在这种背景下，几乎所有的册命铭文中都有"拜稽首"的存在，即使是有些简单的册命铭文省略了时间、地点等内容，但"拜稽首"仍然要保留，"拜稽首"已成为册命铭文中必不可少的文体要素。

"拜手稽首"在赏赐类铭文使用也较广泛。赏赐是周代非常重要的政治制度，《说文》："赏，赐有功也。从贝，尚声。赐，予也。从贝，易声。"在铭文中记载的赏赐活动，或是君王赏赐有功大臣，或是与册命相伴随的赏赐，或是按照礼制或习俗规定进行的赏赐，总之，铭文记载的各种各样的赏赐活动中，受赐者要表示感谢，其中使用较多的礼仪是"拜手稽首"。如：

> 隹六月既生霸，穆穆王才荠京。乎（呼）渗（渔）于大池。王卿（飨）酉（酒）。逋御亡遣，穆穆王窥（亲）易逋銲。逋拜首（手）頢首，敢对扬穆穆王休，用乍文考父乙尊彝。其孙孙子子永宝。①

———————

① 马承源《商周青铜器铭文选》（三），第104页。

> 佳四月初吉丙寅，王才莽京。王易静弓，静拜顫首，敢对扬王休，用乍宗彝。其子子孙孙永宝用。①

第一则是周穆王时期"逨簋"的铭文，文中记载由于逨侍从穆王渔于大池，行为得当，受到穆王的赏赐，"逨"以拜首稽首礼表示对穆王的感谢，并作此簋纪念先父，希望后世子孙珍藏使用。第二则是穆王时的"静卣"，穆王赐"静"弓，"静""拜稽首"致谢，愿后世子孙珍藏。当国君赏赐臣子之时，按照礼的规定，臣子应当用"拜稽首"之礼答谢国君。

"拜稽首"也用于祭祀类铭文，表示对去世祖先的尊敬，如西周中期的"夨簋"，"佳六月初吉乙酉……夨達（率）有嗣师氏……朕文母竞敏窍行，休宕乒心，永襲（袭）乒身，卑（俾）克乒啻（敌），隻（获）馘百，执嗷（讯）二夫，乎戎兵：惏（盾）、矛、戈、弓、備（箙）、矢、裏（裨）、冑，凡百又卅又五叔（款）……。乃子夨拜顫首，对扬文母福剌（烈），用乍文母日庚，宝尊簋。卑（俾）乃子夨万年，用夙夜尊享孝于乒文母，其子子孙孙永宝。"②铭文记载夨率领将士驱逐淮戎、杀敌过百、缴获大量兵器，夨认为自己克敌制胜是由于母亲高尚德行的影响熏陶，因此行拜手稽首之礼，称颂感激母亲福佑和功烈，希望母亲保佑自己万年长寿，日夜祭享德高望重的先母。铭文在记载自己战功之时，更多的是强调伟大的先母对夨的佑护，"拜稽首"在文中依然是表示尊敬感激的答谢大礼。

"拜手稽首"在西周时代的铭文中频繁出现，与周代礼乐文化制度的背景密切相关，是先秦文化发展连续性与周代礼乐文化繁荣兴盛的见证。殷周人祭祀天地祖先神灵，青铜器是实现与灵界沟通

---

① 马承源《商周青铜器铭文选》（三），第110页。
② 刘志基等《金文今译类检》，第226页。

的重要媒介，殷商时期更多借助于青铜器的造型与纹饰表现祭祀者的意愿。西周时期政治秩序的变化以及其他社会思想因素的影响，铭文成为表现作器者思想意图的重要载体，当西周时代大量的铭文被作器者用来记载赏赐、功德、册命之时，铭文会直接体现作器者的思想观念，那么，拜手稽首，作为一项册命、赏赐等场合使用的重要礼仪，理所当然要出现在铭文之中，作为体现受赐者礼仪修养必不可少的标志。同时，由于其表现尊敬感谢的不可替代的作用，使其在铭文中得以大量使用。

《礼记》有言"礼仪三百，威仪三千"，"拜手稽首"作为千百礼仪中的一项，在铭文文体中发挥着特殊的功用，不仅是册命、赏赐等多种类别铭文的重要组成部分，也是体现铭文礼乐文化内涵的文体要素，正因为它的出现，才让我们感受到铭文浓重的礼乐文化属性，具有重要的文体价值。

（三）"拜手稽首"在先秦的演变

"拜手稽首"之礼作为一项重要礼仪，在夏、商时期已经产生。有关夏代使用稽首之礼的说法，见于《尚书》：

> 帝曰："畴若予上下草木鸟兽？"佥曰："益哉！"帝曰："俞，咨！益，汝作朕虞。"益拜稽首，让于朱虎、熊罴。（《尚书·舜典》）
> 帝曰："禹！官占惟先蔽志，昆命于元龟。朕志先定，询谋佥同，鬼神其依，龟筮协从，卜不习吉。"禹拜稽首，固辞。（《尚书·大禹谟》）

以上两则文献都涉及舜帝授职于禹，禹表示辞让并行稽首之礼以致谢。这说明当君王有授职之举时，无论自己是否接受，都要行拜手稽首之礼以应对。

商代拜手稽首的记载在青铜器铭文中尚未发现，在《尚书》、《史记》等传世文献却有详细记录，如：

> 王曰："旨哉！说。乃言惟服。乃不良于言，予罔闻于行。"说拜稽首曰："非知之艰，行之惟艰。王忱不艰，允协于先王成德，惟说不言有厥咎。"（《尚书·说命中》）

商高宗武丁称赞大臣傅说之言皆可实行，有益于己。傅说对商王赞美以拜手稽首之礼答谢。在这里，商王的赏赐不是爵位与物品，而是对傅说的高度赞扬，对他经常谏言的称美，傅说也要拜手稽首应对，可见稽首是对君王称赞或赏赐表示感谢的礼仪，当君王赞扬臣子时，臣子也应该以礼相答。《史记·周本纪》载："纣走反入，登于鹿台之上，蒙衣其殊玉，自燔于火而死。武王持大白旗以麾诸侯，诸侯毕拜武王，武王乃揖诸侯，诸侯毕从；武王至商国，商国百姓咸待于郊，于是武王使群臣告语商百姓曰：'上天降休！'商人皆再拜稽首，武王亦答拜。"① 周武王伐商，纣王自焚而死，在取得诸侯拥戴之后，武王见商人，宣布此乃天降大命，商人对周王行拜手稽首之礼答谢。

西周社会建立了完备的礼乐文化制度，在各种场合，人们严格遵守礼仪制度，拜手稽首之礼在社会上得以广泛的运用，《周礼·司仪》载："及礼，私面，私献，皆再拜稽首，君答拜，出及中门之外，问君，客再拜对，君拜，客辟而对。君问大夫，客对，君劳客，客再拜稽首，君答拜，客趋辟。"② 《仪礼·燕礼》："宾少进，礼辞。反命，又命之。宾再拜稽首，许诺。"又《礼记·燕义》：

---

① 《史记》，第 124 页。
② 《周礼注疏》，第 1942—1943 页。

"君举旅于宾，及君所赐爵，皆降再拜稽首，升成拜，明臣礼也。"这些皆为宾客拜见国君之时所行之礼，"三礼"对"拜稽首"之礼使用的场合、过程、时机、对象都做了详细的规定，每一个仪节的前后次序衔接都有细致安排，说明此礼的严肃性。"拜手稽首"已经不是一个简单的动作，在西周礼乐文化的背景下，它已经成为复杂的礼仪制度中非常重要的一个仪节。

"三礼"对拜手稽首的使用进行了规定，先秦时期的很多文献则记录了"拜手稽首"的具体运用。《尚书·康王之诰》：

> 王出，在应门之内，太保率西方诸侯入应门左，毕公率东方诸侯入应门右，皆布乘黄朱。宾称奉圭兼币，曰："一二臣卫，敢执壤奠。"皆再拜稽首。王义嗣，德答拜。太保暨芮伯咸进，相揖。皆再拜稽首曰："敢敬告天子，皇天改大邦殷之命，……今王敬之哉！张皇六师，无坏我高祖寡命。"

"拜手稽首"在上文中出现两次，太保率诸侯拜见周康王时诸侯以宾客身份皆再拜稽首表示臣服，太保和芮伯敬告康王时也以再拜稽首之礼拜见。《诗经·楚茨》："既醉既饱，小大稽首。神嗜饮食，使君寿考。"本诗是为讽刺周幽王政烦赋重而作，郑笺云："小大犹长幼也，同姓之臣燕已醉饱，皆再拜稽首曰：神乃歆嗜君之饮食，使君寿且考。此其庆辞。"诗中"稽首"即"再拜稽首"，是庆贺君王德行之前的礼仪。

《诗经·江汉》："于周受命，自召祖命，虎拜稽首：天子万年！虎拜稽首，对扬王休。作召公考：天子万寿！"虎受命之后，稽首答谢，并祝愿天子万年永寿。

《左传》中有关稽首之礼的记载有几十处，如：

初，献公使荀息傅奚齐，公疾，召之，曰："以是藐诸孤辱在大夫，其若之何？"稽首而对曰："臣竭其股肱之力，加之以忠贞。其济，君之灵也；不济，则以死继之。"（《左传·僖公九年》）

夏五月，楚师将去宋。申犀稽首于王之马前，曰："毋畏知死而不敢废王命，王弃言焉。"（《左传·宣公十五年》）

这些记载与《尚书》、《诗经》的记载大致相当，都是臣子在交谈之前对君王行礼问候，以示尊重。

在礼崩乐坏的春秋时代，周天子失去往日的权势与威严，礼制日益衰落，突出的表现是僭越礼制，孔子严厉批判的"八佾舞于庭"可以作为典型代表。拜手稽首之礼同样成为无礼者僭越的对象。《左传·襄公三年》载：

公如晋，始朝也。夏，盟于长樗。孟献子相，公稽首。知武子曰："天子在，而君辱稽首，寡君惧矣。"孟献子曰："以敝邑介在东表，密迩仇雠，寡君将君是望，敢不稽首？"

鲁襄公向晋侯行稽首礼，晋国大夫知武子认为此礼应该用于周天子，襄公此礼既是有辱自己身份，齐侯也难以接受。而鲁大夫孟献子认为此时鲁国受到敌国威胁，有求于齐国，因此才行稽首之礼。从二者对话可以看出，一方面，春秋时代知礼者了解稽首礼的含义；一方面受到权势、利益的诱惑，故意突破礼制规定的行为也经常出现。

春秋战国时期稽首礼的衰落在铭文中也有所反映，此时的铭文中极少出现"拜手稽首"一词，其实，不止稽首礼如此，很多礼仪制度都受到相同的待遇，在这个礼崩乐坏的时代，当礼仪与利益发生冲突时，人们更多选择舍弃礼仪，关注的是自身的长寿与安康、子孙与家族的绵延兴盛。

二 子孙永宝用：先秦青铜铭文的不朽之思

铭文，是中国古代一种历史悠久的文体，尤其在先秦时代，它是最为常见的特殊应用文体，颇受天子、诸侯、大夫乃至整个社会的重视。曹丕《典论·论文》、陆机《文赋》、挚虞《文章流别论》都对其加以评价，刘勰《文心雕龙》专设"铭箴"一篇，颇为重视。先秦青铜铭文是研究先秦社会思想文化的重要历史文献，内容十分丰富，其中也蕴含着时人对不朽观念的认识和理解，铭文中经常出现的固定用语"子孙永宝用"表明先秦社会不朽的观念已经深入人心，春秋时出现的"三不朽"的思想为不朽含义做了准确的界定，时人用自己的行为实践着不朽，把不朽作为个体超越生命的永恒精神追求。本章以先秦的青铜铭文为主要对象，通过对"子孙永宝用"等固定用语的分析，研究其中蕴含的不朽观念。

（一）"子孙永宝用"的出现与流行

铭文，即"铭"，原指刻在青铜器上的文字，又称"金文"、"钟鼎文"、"青铜器铭文"、"铜器铭文"、"吉金文"等。青铜器是铭文的载体，现存先秦时期有铭青铜器一万多件，包括礼器、食器、兵器、乐器等，是铭文的主要载体，数量庞大，记载了政治制度、祭祀、赏赐、册命、律令、训诰等广泛的内容，涵盖了当时社会生活的方方面面。青铜铭文作为一种特殊的应用文体，西周时期盛行于世，青铜器已经成为这个时代的文化标志与象征。世界各国或长或短的存在过使用青铜器的时期，但像殷周这样如此长的时期把青铜器作为国之重器，广泛应用于祭祀仪式与礼仪生活之中的，还是十分罕见。

"子孙永宝用"是西周康王时期开始出现并在铭文中频繁运用，成为西周时代青铜铭文中最常见的固定用语。其涵义是青铜器制作者希望此器能够永世流传，后世子孙永远珍视该器并能了解铭文中记载的祖先的功德与荣耀。该词语在铭文中出现并广泛使用经历了很长的时期。

铭文在青铜器上出现得较晚。现存的殷商早期和中期青铜器上，几乎没有铭文，即使现在考古发现的几件有铭铜器，也只是族徽或父祖名号。铭文在青铜器上大量出现是在商代后期，铭文十分简短，字数较少，一般只有三五个字，甚至仅有一至二个字。如：见（994）①、父（985）、丁（986）；祖乙（1251）、父丁（1255）、妇好（1320）、陆册（1359）；戈祖辛（1511）、息父乙（1535）、鱼父乙（552）；子雨己（1717）、北单戈（1749）；矢宁父乙（1825）、子刀父乙（1826）、宁母父丁（1851）；作父乙尊彝（2007）、小子作父己（2015）、子克册父辛（2017）等。目前汇集铭文较全面的《殷周金文集成》、《近出殷周金文集录》中，三五字的铭文多是殷商后期，占很大比例，数量极多。这些铭文"内容简单，一般不含重要意义。铸铭的目的在于标记器主的族氏，识别用途"②，有的是标明家族死去先人的"日名"，如"乙"、"癸"、"丁"等，有的是日名与亲人称呼结合，如"祖乙"、"父丁"、"子乙"等；有的是标记器主的名字，如"妇好"，是商王配偶的名字。这些青铜器上简单的铭文正处于容庚所称的"图形文字和祖宗名"或郭沫若所称的"私人之名或图记"阶段，还不能表达"子孙永宝用"这样复杂的

---

① 张亚初《殷周金文集成引得》，中华书局2001年版。引用此书铭文系书中器物编号。下同。

② 马承源《中国青铜器》，上海古籍出版社2003年版，第358页。

含义。

殷商晚期出现少数有较长铭文的青铜器，一般以记事为主，可以表现较为复杂的思想观念，如帝乙时期的"小臣俞尊"：

> 丁子（巳），王省夒仝，王易（锡）小臣飴（俞）夒贝。佳王来正（征）人方，佳王十祀又五，彡（肜）日。①

这是清道光年间在山东出土的商帝乙时期"小臣俞尊"，共 27 字，尊是容酒器，可用于祭祀等礼仪。该铭文意为，"丁巳日，王巡察夒仝，王赏赐小臣俞夒地之贝。王征伐人方归来。王十五年，肜日。"这是一段记事铭文，记载了商王十五年征伐人方归来，祭祀以及在夒地赏赐臣子之事。与殷商中期铭文相比，已经大大超出了标识功能，进入记事范畴，分别记载了商王巡察时间（丁巳）、赏赐对象（小臣飴）、赏赐财物（贝）、商王从何而来（人方）、完成任务（征伐人方）、举行大型祭祀（肜日）等 6 件事。与此相近，帝乙时期的"小子蔷卣"：

> 乙子（巳），子令（命）小子蔷先㠯（以）人于堇，子光赏蔷贝二朋。子曰："贝，售（唯）蔑女（汝）曆（歷）。"蔷用乍（作）母辛彝才（在）十月二，佳子曰："令望人方暈。"②

这是目前发现的殷商时期最长的一则铭文，该铭记载"子"命小子蔷待于堇并赏贝两朋以示奖励。文中记载了"子"对"小子蔷"说的两句话，一是"贝，唯蔑女历"，说明了赏赐两朋贝的原因；"令望人方暈"是"子"发布的命令，命"小子蔷"到达"人方暈"。

---

① 马承源《中国青铜器》，上海古籍出版社 2003 年版，第 2 页。
② 同上，第 3 页。

这则铭文与上文"小臣俞尊"明显不同之处在于把"子"说的两句话用口语的方式记载下来，此前较为罕见。

以上两则铭文从句式到遣词造句能力，很明显已经具备表现思想意识的语言条件，此外，青铜器铸造工艺在殷商后期已经成熟，通过铸刻铭文自由表达思想的各方面条件都已经具备，但此时永世观念仍未在青铜铭文中出现。

西周武王、成王时期，字数较多的长篇铭文大量出现，如武王时期的"利簋"、"天亡簋"，成王时期"保尊"、"何尊"、"保卣"等也未有类似语词。直到康王时期"子孙永宝用"、"子子孙孙永宝"等才开始在一些青铜器铭文中出现，但此时还未至稳定，在表现上有多种，如"沈子也簋盖"的铭文，"我多弟子我孙，克又（有）井（型）敫（效）。歔（懿）父殙□子"[1]，意为"我祝愿我的弟子和孙子们有福，希望他们能够效仿祖先"，所要表达的是对子孙后代祝福与希望；"献簋"的"十枻（世）不韾（忘）献身才毕公家，受天子休"[2]、"麦方尊"的"孙孙子子其永亡冬冬（终终）"[3]、昭王时期"令簋"的"妇子后人永宝"[4] 都是通过不同的词语表达对后世子孙的期望。

在康王时期及以后的铭文中，更多的则是用"子孙永宝用"这种固定形式来表现其永世观念，内涵相对固定，如"静卣"："佳四月初吉丙寅，王才荐京。王易静弓，静拜頀首。敢对扬王休，用乍宗彝。其子子孙孙永宝用。"[5] 又如康王时期的"小臣宅簋"：

佳五月壬辰，同公才丰，令宅事白（伯）懋父，白（伯）

---

① 　马承源《商周青铜器铭文选》（三），第57页。
② 　同上，第56页。
③ 　同上，第46页。
④ 　同上，第66页。
⑤ 　同上，第110页。

> 易小臣宅画册（干）、戈、九（必）、易（锡）金车、马两
> （辆），扬公白（伯）休，用乍乙公尊彝，子子孙永宝，其万年
> 用卿（向）王出入。①

该铭文中小臣宅听从同公之命，执事于伯懋父，伯懋父因其功绩，赏赐他盾、戈、车和马等，故小臣宅颂扬同公和伯懋父之美德，制作祭祀先父乙公的彝器，希望子子孙孙永远珍藏，永远应对天子、出纳王命。文中"子子孙孙永宝"意思是"希望子子孙孙永远珍藏享用"。"子子孙孙"是指作器者对自己子孙后代的期望；"永宝用"是作器者对子孙后代的要求，希望他们珍藏享用祖先之宝。

（二）"子孙永宝用"的形式与类别

"子孙永宝用"是西周青铜铭文中表现永世观念的一个具有代表性的固定语，在具体的铭文中，以不同的形式出现。

首先是固定用语前半部分的变化，即"子孙"的变形，这些词语中，"子子孙孙"一词最为常见，所占比例较高，如：

> 佳王十月既望，辰才己丑，王逆于庚嬴宫，王秮（蔑）庚
> 嬴曆，易贝十朋，又丹一桁（管），庚嬴对扬王休，用乍乒文
> 姑宝尊彝。其子子孙孙彌年，永宝用。（庚嬴卣）②
> 佳六月既生霸，穆穆王才莽京。乎（呼）渔（渔）于大
> 池。王卿（飨）酉（酒）。遹御亡遣，穆穆王窥（亲）易遹鲜。
> 遹拜首（手）頧首，敢对扬穆穆王休，用乍文考父乙尊彝。其
> 孙孙子子永宝。（遹簋）③

---

① 马承源，《商周青铜器铭文选》（三），第 52 页。
② 同上，第 37 页。
③ 同上，第 104 页。

也有把"子子"放在"孙孙"后面，为"孙孙子子"的形式，如
"孙孙子子其永宝"；或是前两种形式的简写，为"孙子"或简化为
"子"，如"孙子其永宝"、"子其永宝"等；此外在"子孙"之间加
入词语也是比较特殊的一种形式，以"子之子，孙之孙"、"百子千
孙"等形式出现，如"子之子，孙之孙，其永用之"、"其百子千
孙"、"世孙子永宝"等。

　　其次该词后半部分也有一些变化。"永宝用"也作"永保用"，
意思相同。其在铭文中的形式有三种：一是"永宝（保）用"或
"永宝用享"，也是使用次数最多的，如"子孙永宝用"、"子孙永宝
用享"；二是"永宝（保）"、"永用"或"宝"、"用"，这些是"永
宝用"的略写，如"子子孙孙永宝"、"子孙永保"、"子其永宝"、
"子子孙孙永用"、"子孙用之"、"孙子宝"等，都是表达永远珍藏
之意，如"竞卣"："佳白（伯）屖父昌（以）成白（师）即东，命
成南夷。正月既生霸辛丑，……白（伯）屖父皇竞各（格）于官。
竞蔑厤，商（赏）竞章（璋）。对扬白（伯）休，用乍父乙宝尊彝，
子孙永宝。"①竞卣是西周穆王时器，铭文记载周大臣白屖父率师戍
守南疆，讨伐淮夷，征途中在官署之中称赞竞，并赏赐给竞玉璋，
竞拜谢白屖父，铸器记录此事，希望子孙后代永世不忘。铭文中
"子孙永宝"意思很明确。三是个别词语变化，含义相同或相近，
如"永宝兹休"、"永用之"、"永宝兹簋"、"子孙永保鼓之"、"其子
子孙孙永日鼓乐兹钟"、"子孙是尚（常）"、"其子子孙孙万年"、
"孙孙子子其永亡终"、"子子孙永寿用之"、"子之子，孙之孙，其
永保用亡疆"、"子孙永宝永享"等。

　　由于该词组成的句子在西周铭文中使用极为频繁，在一千多件
青铜器上出现过，它们使用时呈现出四十多种形式，成为西周铭文

---

① 马承源《商周青铜器铭文选》（三），第123页。

中使用比较广泛的习语，因此也是周代铭文文体格式的重要组成内容与典型特征。

（三）"永宝用"与"三不朽"：先秦时期的不朽之思

"子孙永宝用"一词在周代青铜铭文中的普遍运用，其实质是先秦时期人们"不朽"的历史意识在青铜铭文中的反映，也表明不朽意识已经为当时社会接受并已植根于思想观念之中。

青铜器能够成为铭文载体的重要原因在于其具备可以永远保存的特性。墨子认为："古者圣王必以鬼神为，其务鬼神厚矣，又恐后世子孙不能知也，故书之竹帛，传遗后世子孙。咸恐其腐蠹绝灭，后世子孙不得而记，故琢之盘盂镂之金石以重之。"[①]青铜器上铸刻铭文可以使祖先功德传之后世，子孙后代在继承先祖留传下来的彝器时，上面铸刻的先祖美德也就随之永世流传，即可以使祖先之美"明著之后世"。先秦大部分铭文的末尾都有"子子孙孙永宝用"、"子孙永宝用"或"永宝用"等词语，"永宝用"的目的是最终实现"先祖之德善、功烈、勋劳、庆赏、声名"的不朽。

从"子孙永宝用"一词在周康王以后广泛使用可以看出，不朽已经在西周时代成为人们崇高的精神追求。不朽的观念虽然已经深深植根于时人思想之中，但是对于何谓不朽的问题还存在不同的理解，这个问题在春秋时代被明确提出并得以解决，《左传》襄公二十四年载：

> 穆叔如晋。范宣子逆之，问焉，曰："古人有言曰，'死而不朽'，何谓也？"穆叔未对。宣子曰："昔匄之祖，自虞以上，为陶唐氏，在夏为御龙氏，在商为豕韦氏，在周为唐杜氏，晋

---

① （清）孙诒让《墨子间诂》，《诸子集成》，上海书店 1986 年版，第 147 页。

主夏盟为范氏，其是之谓乎？"穆叔曰："以豹所闻，此之谓世禄，非不朽也。鲁有先大夫曰臧文仲，既没，其言立。其是之谓乎！豹闻之：'大上有立德，其次有立功，其次有立言。'虽久不废，此之谓不朽。若夫保姓受氏，以守宗祊，世不绝祀，无国无之，禄之大者，不可谓不朽。"①

晋国大夫范宣子对于不朽的认识存在疑惑，所以询问穆叔，像自己祖先在虞夏先秦直至晋国都是家世显赫、绵延不绝，这是否可以称为不朽？从其问话的语气可以看出，他对何谓不朽认真思考过，对自己的看法也不敢确定，他的疑问具有一定的代表性，说明在当时很多人不了解不朽的含义，或者存在其他的观点。鲁大夫穆叔对此作出极佳的回答，他为不朽下的定义是"太上有立德，其次有立功，其次有立言，虽久不废，此之谓不朽"，唐孔颖达："立德谓创制垂法，博施济众"、"立功谓拯厄除难，功济于时"、"立言谓言得其要，理足可传"②。"不朽"的标志是"虽久不废"，"不朽"的前提是"立德"、"立功"、"立言"，"不朽"的目的是名之永存。实际上，"三不朽"的实质是"名之不朽"，因此人们才十分重视有名于世。孔子："君子疾没世而名不称焉。"③ 屈原《离骚》："老冉冉其将至兮，恐修名之不立。"④ 司马迁《报任安书》："立名者，行之极也。"⑤ 他们都把"名之不朽"作为一生最高的精神追求。

"三不朽"正是铭文重点记载的内容，也是作器者需要"子子孙孙永宝用"的内容。先秦铭文记载的都是在当时非常重要的事，

---

① 杨伯峻《春秋左传注》，第 1087—1088 页。
② （清）阮元校刻《十三经注疏·春秋左传正义》卷三十五，中华书局 2009 年 10 月，第 4297 页。
③ ［清］刘宝楠《论语正义》卷十八，中华书局 1990 年 3 月，第 629 页。
④ 金开诚等《屈原集校注》，中华书局，1996 年 8 月，第 26 页。
⑤ 《汉书》卷六十二，中华书局，1962 年 6 月，第 2727 页。

器主认为具有永远保存的价值，因此才可以被庄重地铸刻成铭文保存。如师望鼎："大师小子师望曰，不显皇考宄公，穆穆克盟氒心，陞（哲）氒德，用辟于先王，旲（得）屯亡敃（闷）。望肇帅井（型）皇考，虔夙夜出内（人）王命，不敢不分不妻，王用弗嚭（忘）圣人之后，多蔑历易休。望敢对扬天子不显鲁休，用乍朕皇考宄公尊鼎。师望其万年子子孙孙永宝用。"① 文中"师望"夸耀先父"宫公"品德、功绩，并说明自己以祖先为榜样，执行王命，并让子孙后代永远记住祖先功德。我们分析一下师望鼎铭文，可以知道该铭文内容的重点，也就是师望铸造该鼎的原因有两个方面：一是师望的皇考宫公德、行优秀，一是师望本人继承父亲优良品德，辛勤执行王命，受到王的赞赏。师望希望自己后世子孙也能够像他一样效仿祖先，把这种精神永远流传。

　　"子孙永宝用"蕴含着时人的期望与理想，期待通过名之不朽实现个体生命的超越，希望德行功业在流传中可以教化子子孙孙。先秦青铜铭文中虽未明确提出"何谓不朽"的问题，但却用其丰富的内容告知了世人"不朽"的真正内涵。

---

① 马承源《商周青铜器铭文选》（三），文物出版社 1988 年版，第 146 页。

主要参考文献

1.（清）徐元诰撰，王树民、沈长云点校《国语集解》，中华书局，2002 年版。

2.（清）孙星衍撰，陈抗、盛冬铃点校《尚书今古文注疏》，中华书局，1986 年版。

3.（清）孙希旦撰，沈啸寰、王星贤点校《礼记集解》，中华书局，1989 年版。

4.（清）阮元校刻《十三经注疏》，中华书局，2009 年版。

5.杨伯峻《春秋左传注》，中华书局，1990 年版。

6.陈奇猷《吕氏春秋新校释》，上海古籍出版社，2002 年版。

7.严可均《全上古三代秦汉三国六朝文》，中华书局，1958 年版。

8.（清）董诰等编《全唐文》，中华书局，1983 年版。

9.程俊英、蒋见元《诗经注析》，中华书局，1991 年版。

10.（汉）司马迁《史记》，中华书局，1982 年版。

11.（清）刘宝楠《论语正义》，中华书局，1990 年版。

12.（汉）蔡邕《独断》，上海古籍出版社，1990 年版。

13.（汉）班固《汉书》，中华书局，1962 年版。

14.（宋）欧阳修、宋祁撰《新唐书》，中华书局，1975 年版。

15.（元）辛文房《唐才子传校笺》，中华书局，1995 年版。

16.（北魏）郦道元著，陈桥驿校证《水经注校证》，中华书局，2007 年版。

17.（唐）欧阳询撰，汪绍楹校《艺文类聚》，中华书局，1965 年版。

18.（宋）李昉等撰《太平御览》，河北教育出版社，1994 年版。

19.（清）李兆洛《骈体文钞》，中州古籍出版社，1990 年版。

20.（汉）许慎《说文解字》，中华书局，1963 年版。

21.（清）段玉裁《说文解字注》，巴蜀书社，2001 年版。

22.（清）桂馥撰《说文解字义证》，中华书局，1987 年版。

23. 中国社会科学院考古研究所《殷周金文集成》（修订增补本），中华书局，2007 年版。

24. 张亚初《殷周金文集成引得》，中华书局，2001 年版。

25. 刘雨《近出殷周金文集录》，中华书局，2002 年版。

26. 马承源《商周青铜器铭文选》，文物出版社，1988 年版。

27. 马承源《中国青铜器》（修订本），上海古籍出版社，2003 年版。

28. 朱凤瀚《古代中国青铜器》，南开大学出版社 1995 年版。

29. 张光直《中国青铜时代》，生活·读书·新知三联书店，1999 年版。

30.《古文字研究》，中华书局，1—24 辑。

31. 容庚、张维持《殷周青铜器通论》，科学出版社，1958 年版。

32. 郭沫若《殷周青铜器铭文研究》，科学出版社，1961 年版。

33. 容庚《先秦彝器通考》，哈佛燕京学社，1941 年版。

34. 杨树达《积微居金文说》（增订本），科学出版社，1961 年版。

35. 王国维《观堂集林》，中华书局，1959 年版。

36. 郭宝钧《先秦青铜器群综合研究》，文物出版社，1981 年版。

37. 陈絜《先秦金文》，文物出版社，2006 年版。

38. ［日］白川静著，温天河、蔡哲茂译《金文的世界》，联经出版事业公司，1980 年版。

39. 王世民等《西周青铜器分期断代研究》，文物出版社，1999 年版。

40. 杜勇、沈长云《金文断代方法探微》，人民出版社，2002 年版。

41. 夏先秦断代工程专家组《夏先秦断代工程 1996—2000 年阶段成果报告（简本）》，世界图书出版社，2000 年版。

42. 李学勤《东周与秦代文明》，文物出版社，1984 年版。

43. 《金文今译类检》（殷商西周卷），广西教育出版社，2003 年版。

44. 华东师范大学中国文字研究与应用中心《金文引得》（殷商西周卷），广西教育出版社，2001 年版。

45. 华东师范大学中国文字研究与应用中心《金文引得》（春秋战国卷），广西教育出版社，2002 年版。

46. 许倬云《西周史》（增补本），生活·读书·新知三联书店，2001 年版。

47. 陈来《古代宗教与伦理》，生活·读书·新知三联书店，1996 年版。

48. （晋）杜预《春秋经传集解》，上海古籍出版社，1997

年版。

49. 沈文倬《宗周礼乐文明考论》，杭州大学出版社，1999年版。

50. （清）朱彬《礼记训纂》，中华书局，1996年版。

51. 王锷《三礼研究论著提要》，甘肃教育出版社，2001年版。

52. 陈梦家《尚书通论》，河北教育出版社，2000年版。

53. 杨宽《西周史》，上海人民出版社，1999年版。

54. 杨宽《战国史》，上海人民出版社，1998年版。

55. 徐鸿修《先秦史研究》，山东大学出版社，2002年版。

56. 朱右曾辑，王国维校补，黄永年校点《古本竹书纪年辑校》，辽宁教育出版社，1997年版。

57. 王国维撰，黄永年校点《今本竹书纪年疏证》，辽宁教育出版社，1997年版。

58. 刘知幾撰，浦起龙释《史通通释》，上海古籍出版社，1978年版。

59. 何怀宏《世袭社会及其解体》，三联书店，1996年版。

60. 李泽厚《中国古代思想史论》，安徽文艺出版社，1994年版。

61. 阎步克《士大夫政治演生史稿》，北京大学出版社，1996年版。

62. 李学勤《中国古代文明与国家形成研究》，云南人民出版社，1997年版。

63. 顾颉刚《中国上古史研究讲义》，中华书局，1988年版。

64. 孔令纪《中国历代官制》，齐鲁书社，1993年版。

65. 周书灿《中国早期国家结构研究》，人民出版社，2002年版。

66. ［日］伊藤道治著，江蓝生译《中国古代王朝的形成》，中华书局，2002年版。

67. 阎步克《乐师与史官》，生活·读书·新知三联书店，2001年版。

68. ［美］路易斯·亨利·摩尔根《古代社会》，商务印书馆，1997年版。

69. 田兆元《盟誓史》，上海文艺出版社，广西民族出版社，2000年版。

70. 陈骙、李涂《文则 文章精义》，人民文学出版社，1998年版。

71. （明）吴讷著，于北山点校《文章辨体序说》，人民文学出版社，1998年版。

72. （明）徐师曾《文体明辨序说》，人民文学出版社，1998年版。

73. 周振甫《文心雕龙注释》，人民文学出版社1981年版。

74. 褚斌杰《中国古代文体概论》，北京大学出版社，1990年版。

75. 吴承学《中国古代文体形态研究》（增订本），中山大学出版社，2002年版。

76. 郭英德《中国古代文体学论稿》，北京大学出版社，2005年版。

77. 童庆炳《文体与文体创造》，云南人民出版社，1994年版。